Que reste-t-il
de la culture française?
法国文化还剩下什么

〔美〕唐纳德·莫里森 著
〔法〕安托万·贡巴尼翁
傅楚楚 译

Donald Morrison
Que reste-t-il de la culture française?
Traduit de l'américain par Michel Bessières
Antoine Compagnon
Le Souci de la grandeur
Copyright © Éditions DENOËL, 2008

本书根据法国德诺埃尔出版社 2008 年版译出

目　录

第一部分　法国文化还剩下什么？ …………………………… 1

第一章 ………………………………………………………………… 3
第二章 ………………………………………………………………… 13
第三章 ………………………………………………………………… 19
第四章 ………………………………………………………………… 23
第五章 ………………………………………………………………… 27
第六章 ………………………………………………………………… 39
第七章 ………………………………………………………………… 47
第八章 ………………………………………………………………… 51
第九章 ………………………………………………………………… 55
第十章 ………………………………………………………………… 61
第十一章 ……………………………………………………………… 65
第十二章 ……………………………………………………………… 69
第十三章 ……………………………………………………………… 77
第十四章 ……………………………………………………………… 83

目 录

第二部分 兴之忧 …………………………………………… 95

第一章 …………………………………………………… 101
第二章 …………………………………………………… 107
第三章 …………………………………………………… 115
第四章 …………………………………………………… 121
第五章 …………………………………………………… 129
第六章 …………………………………………………… 139
第七章 …………………………………………………… 145

第一部分

法国文化还剩下什么?

唐纳德·莫里森

第一章

好莱坞在法国的名声很坏。这座电影之都几乎等同于套路化的恐怖片、广告轰炸的大众片、障眼法一般的特效，还有不明来由的暴力。不过好莱坞隐藏了一个秘密，是时候予以揭晓，那就是：它每年制作的五百来部影片大部分预算很低，同时水平优秀，极富原创性。

像这样的例子很多，比如以两名女性朋友为主角的公路冒险片《末路狂花》(*Thelma et Louise*)，是导演雷德利·斯科特（Ridley Scott）在1991年花了1600万美元拍摄出来的，这个预算毫不惊人，却独得六项奥斯卡提名，并斩获最佳剧本奖。好电影都懂得制造曲折的情节，《末路狂花》中有一个关键性场景，路易丝［苏珊·萨兰登（Susan Sarandon）饰］呵斥意图强暴自己朋友赛尔玛［吉娜·戴维斯（Geena Davis）饰］的男子，但男子看她一副弱女子模样并没有把她当回事。情急之下，路易丝掏出手枪，将男子一枪崩了。赛尔玛惊呆了，说道："我打赌他一定没料到这个结果。"

我对这个男人的悲惨命运表示同情，因为我本人在自行其是——或许管了法国的闲事——的时候，被法国舆论中激起的千层浪冲击得千疮百孔，抨击之声如同路易丝的子弹一样凌厉。不过我早该料到如此下场。我早该知道一个美国人不应该用审视的眼光毫无恭谦之态地扒下法国文化伟大和荣耀的外衣。我早就应该在各种社交晚宴和邮件

第一部分　法国文化还剩下什么？

交流中管好自己爱发评论的大嘴巴。还有，真不知道我怎么会写出一篇名为"法国文化之死"的文章，更糟糕的是还把它发表在一本美国杂志上！但是，我抱有一丝幻想，我想象法国的读者会按照我的初衷去理解我的文章，那就是，这是我对于一个我热爱的国家的友好而有建设性的观察。

天真如我！毫无远见！总之一句话：我太美国人了！难道我不知道对于法国民众来说，文化是何等神圣、何等敏感、何等不可冒犯的民族骄傲吗？你批评法国人职业道德败坏，吸烟成瘾，或者财政制度腐败，那还过得去，但不管你是谁，绝对不能说法国文化的一句不是。还指望你的观点能被虚心接受，你的评判能被他们看得上？想也别想。你想多少帮上点忙？别期待人家能理解你。一个老外，想指出法国文化神圣国土一丁点儿的、可以说是缺点的东西吧，他就该知道自己好心没好报。

我受到了众目睽睽之下的"严刑拷打"。2007 年 12 月 3 号《时代周刊》(Time Magazine)[1] 欧洲版发表完那篇主旨为法国文化作为国际文化日益衰落的文章后，法国媒体如临大敌般拉响了警报，仿佛是要应对一场空袭。法国各大国民性报纸和电台纷纷对这篇文章进行了回应，大小官员和文化专栏的记者急不可耐地撰文反驳我的观点。《新观察家》(Nouvel Observateur) 官网引用了其文化专栏作者迪迪埃·雅各布 (Didier Jacob) 的博文，他的文章很好地概括了各种回应的调子："对于美国人来说，法国文化既是砒霜，亦是熊掌。如果用一个数学公式来概括法国文化的精华，那大概是：戴高乐 + 萨特 + 法棍

---

[1] 《时代周刊》以其红色边框的封面为标志，是美国创办时间最久的信息类周刊，发行量经常排名第一，在全世界的销量达 450 万册。1923 年，《时代周刊》由亨利·卢斯 (Henry Luce) 和布列顿·哈登 (Britton Hadden) 创立于纽约，隶属于时代-华纳集团。我的文章先是发表于欧洲版，继而发表在亚洲版，累计销量 80 万册，在法国的销量为 6 万册。

第一章

面包 + 苏菲·玛索的胸 = 法国文化。"他的博文下面有几十条回复，大部分是这样的："我不认识这篇文章的作者，但我确信他自己写的东西自己都不相信。"

莫里斯·德吕翁（Maurice Druon）是令人尊敬的《费加罗报》（Le Figaro）法国文学评论员，他撰文取笑我："美国有很多水平更高的研究者、学者、思想家和创作者，只不过他们不会在《时代周刊》上写文章。"他指责我"如同大部分民众一样，把文化和娱乐混淆在一起"。[1] 有不止五篇文章支持这位法兰西学术院前终身秘书的猛烈抨击，投身《费加罗报》发起的这场爱国运动中，誓将我的文章撕个粉碎。《费加罗报》驻美通讯员收集了大量证明法国文化在新时代仍具活力的证据，但基本没有囊括纽约以外的活动。《费加罗报》其他记者解释说法国的画家在伦敦声名大噪，法国的哲学家享誉世界（可惜的是，没有一个小说作者能自夸有如此成就），法国的建筑师"靠自己的优秀设计大展拳脚"，而法国电影在哪儿都很受欢迎，除了在外国。《费加罗报》本次发起的战役可谓不惜代价：整整三版内容，配的图片是戴着可笑头盔的"蠢朋克"乐队成员，和"星悦马术奇艺坊"创始人巴塔巴斯与一匹马的合影。要怎么理解这种不计代价呢？是不无隐晦地承认被触碰到痛点了吗？

画商安妮·法吉翁纳托（Anne Faggionato）也在《费加罗报》发表文章，她援引了我文章中提及的大量事实资料，认为我的"这些伪分析根植于美国人的商品思维，拿各种曲线图和数据说事。但艺术不是用这些东西来衡量的，这种计量经济学极为荒唐，时间会证明一切。"还有弗拉马里翁出版社总经理特蕾莎·克雷米兹（Teresa

---

[1] 莫里斯·德吕翁，"不，法国文化没有死！"（« Non, la culture français n'est pas morte !»），《费加罗报》，2007年12月3日。

第一部分　法国文化还剩下什么？

Cremisi），她在《自由报》(*Libération*) 撰文，为我的"重商主义"分析法而深表遗憾，认为我把文化和利润搅和在一起。

战火自然也蔓延到网上。不论是在法语网站 bibliobs.fr 还是在越南语网站 diendan.org，都能见到对此事的热议。一篇发表在网站 superfrenchie.com 的文章引来了 164 条评论，大部分都在指摘我犯了各种事实错误或疏漏。论战甚至冲破了法国的国境线，比如美国作家爱德华·钱皮恩（Edward Champion）在其个人网站 edrants.com 上，将我的文章视为《时代周刊》对福克斯新闻台作出的文化回应，这个评价对于任何一个配称为记者的人都是一种伤害。他甚至认为"莫里森压根儿就不懂自己在说什么"。同样还有英国流行文化评论家莫默思（Momus）的网站上，一名读者留下了如下精彩评论："莫里森简直一派胡言，令人尴尬。幸好我们现在就算在牙医候诊室里都见不到《时代周刊》了。"

包括外媒也攻入了突破口，比如英国《泰晤士报》(*Times*) 驻巴黎记者查尔斯·布雷姆纳（Charles Bremner）认为，我对法国文化弱点的分析过于极端。《卫报》(*Guardian*) 甚至刊登了贝尔纳–亨利·利维（Bernard-Henri Lévy）的雄文，指出我的文章与其说是在揭示法国之衰，毋宁说是暴露了美国面对自身实力衰退时的焦虑。《阿拉伯新闻报》(*Arab News*) 沙特记者伊曼·库尔迪（Iman Kurdi）指出："我不仅不同意（莫里森的观点），而且我很高兴法国保持着自己独有的法国特色。"

《西班牙日报》(*Avui*) 向我提出了采访的请求。法国 LCI 电视台邀请我与法国文化协会会长奥利维耶·普瓦福尔（Olivier Poivre）来一场辩论，普瓦福尔先生曾在《世界报》(*Le Monde*) 主持过论坛来批判我的观点。就在同一天，我又与他在法国 24 小时频道见面，进行了新

第一章

一轮的对抗。在这两次的会面里,普瓦福尔先生都表现得审慎而客气。我还参与了另一场节目的录制,共同出席的有电影导演兼法国电影资料馆馆长康斯坦丁·科斯塔–加夫拉斯(Constantin Costa-Gavras)、《阅读》(Lire)杂志主编弗朗索瓦·布斯奈尔(François Busnel)、《巴黎竞赛报》(Paris-Match)文化版记者纪尧姆·贝格雷(Jérôme Béglé),以及 nonfiction.fr 网站创始人兼法国文化频道"大众批评"栏目制作人弗雷德里克·马特尔(Frédéric Martel)。他们中的几位都欣然承认我的文章多少有些可取之处,但他们一致认为我的文章存在各种缺陷。甚至连我自己的祖国的驻法大使克雷格·斯特普尔顿(Craig Stapleton)都致信《时代周刊》,玩弄字眼地表示"法国文化的活力不可能仅仅用每周的票房收入来衡量",仿佛我们能够代表受人唾弃的布什政府,并在法兰西精神受到攻击的时候拥有一颗悔改之心一样。票房并非我用以衡量的标准,但大多数评论者都忽略了这一点,他们更愿意披着德行的外衣,为这场侮辱了法兰西荣光的攻击战迎头而上。

说实话,我的文章能够引起如此广泛而激烈的回应实在出乎我的意料,我的一些反对者也对此表示惊讶。皮埃尔·阿苏利纳(Pierre Assouline)在他的博客里写道:"像这样的一篇文章何以会在一夜之间引起法国媒体如此巨大的关注,并且在网上如此热门,这才是令我无法理解的。"纽约巴鲁克学院教授约翰·布伦克曼(John Brenkman)也认为法国人是不是把这件事太放在心上了。他在《世界报》撰文说,我的文章"在法国引发的争议,就如同 1938 年奥逊·威尔斯(Orson Welles)将 H. G. 威尔斯(H. G. Wells)的《星际战争》(La Guerre des mondes)改编为广播剧的结果一样,当时评论者们以确乎其实的口吻宣称美国将遭受火星人的攻击。今天是法国人深信不疑正在遭受美国对法国文化的攻击……《时代周刊》从内容到封面只不过是

第一部分　法国文化还剩下什么？

一场骗局，公众受到法国媒体的误导，成为受害者。历史上伟大的舞台表演者菲尼亚斯·泰勒·巴纳姆（Phineas Taylor Barnum）*常说'每一分钟都有一个傻瓜诞生'……到了今天，恕我直言，这个傻瓜就是法国。你们每一个人，法国的朋友们，你们全都是上了钩的鱼。"

在整件事闹得沸沸扬扬的间歇，我飞到纽约，给自己几天时间喘口气。我休假的时候，激烈的辩论仍在持续。英国广播公司（BBC）的记者一直跟着我到了曼哈顿的餐馆，终结了我的纽约假期。我就在杯盘叮当作响和服务生的传菜声中接受了《独立报》（Independent）巴黎通讯员约翰·利奇菲尔德（John Lichfield）的现场采访。

细想一下，与其说问题出在文章内容上，不如说出在这期杂志的封面上。封面图片是伦敦摄影师保罗·汉森（Pål C. Hansen）拍摄的著名哑剧演员马塞尔·马索（Marcel Marceau）的肖像，照片拍摄于马索的事业巅峰期，马索的表情极为生动，眼神有些苦涩——哑剧演员似乎都有这种眼神——，他的目光落在一朵红色的花上面，那是和杂志封面边框固定颜色一样的红色。封面的选择再合适不过了，因为马塞尔·马索在几个月前刚刚离世——随他而去的还有一部分法兰西精神——，与我的文章努力体现的痛惜和伤感的笔调非常契合。不只我一个人这么想，奥利维耶·普瓦福尔·达沃尔（Olivier Poivre d'Arvor）也认为哑剧演员马索堪任封面人物："确实，近年来我们的艺术家用无声的表演在你们心中发出了法国文化的声音，他们没有说话，没有

---

* 菲尼亚斯·泰勒·巴纳姆（1810—1891），美国巡回演出团老板和马戏团老板，因展现畸形人的表演而闻名。他喜欢大做宣传，夸大其词，以吸引那些好奇和容易上当的观众。巴纳姆人为制造社会轰动并借此大捞一笔，所以这一段完全不考虑公众利益、"公众受愚弄"的不光彩时期，也被称作"巴纳姆时期"。——译者注

第一章

说法语。我们有哑剧人马索,有库斯托长官*静默的深海,还有编舞家……我们用自己无与伦比的失语和结结巴巴的叙述来对抗世界的喧嚣纷杂,但我们非常希望谦逊地、用更为法国人的方式打动你们。"[1] 以上内容引自达沃尔发表在《世界报》的文章"致美国朋友们的一封信"。不论怎么看,这都是一张绝妙的摄影作品,叫读性强、简洁明了,一朵吸引目光的红色花朵形成了经典的构图。我承认,这张照片甚至有些思维定式。就像法国媒体总是不由自主地用一个戴牛仔帽的人表现美国人,或者用一个戴圆顶礼帽的人表现英国人一样,美国媒体也不由自主地用戴贝雷帽、穿条纹海魂衫的人表现法国人。但这全然不影响这张照片的吸引力。

更何况,封面照片旁边的标题竟然是"法国文化之死"。情况已经对我很不利了,雪上加霜的是,副标题居然采用了极富美国报业直肠子特色的"谁能说出一个有国际影响力的在世的法国艺术家或作家的名字?……好吧,算了"。我没有写过这句话。在法国24小时录节目的时候,我不得不用开玩笑的方式解释,《时代周刊》和很多美国企业一样外迁了,并且把封面设计业务外包给一家印度呼叫中心了。没有人笑。其实这个标题是杂志欧洲编辑部负责人在他们的伦敦办公室里炮制出来的。按照惯例,他们没有事先征求我的意见,而且直到杂志在报亭里售卖我才看到封面。说实话,我看到封面的时候着实吃了一惊。我在文章里绝没有提到"死亡"这个字眼,而是衰落和某种可能发生的振兴。在我还没有看到封面的时候,《自由报》记者爱德

---

* 雅克-伊夫·库斯托(1910—1997),法国海军军官、探险家、电影制片人、摄影家、作家、海洋及海洋生物研究者。1956年,库斯托制作了纪录片《沉默的世界》(*The Silent World*),在戛纳电影节上映,并获得金棕榈奖。——译者注

[1] 奥利维耶·普瓦福尔·达沃尔,"致美国朋友们的一封信"(« Lettre à nos amis américains »),《世界报》,2007年12月20日。

第一部分 法国文化还剩下什么？

华·洛内（Édouard Launet）向我提出采访的请求，我接受了。采访时，他很有分寸地没有提及封面的事。但我在采访结束后感到有一点不对劲。接下来发生的事表明，我的直觉没有骗我。爱德华·洛内在文章中语带怒气地发问："到底是哪只苍蝇叮了莫里森大人，令他如此虐待法国文化？"

我是一个大逆不道的破坏者，一个战争贩子吗？我自我审判了一下，首先我要宣告自己无罪。然而再一想……负责稿件编写三十余年的我，也是按照这个思路来起标题的。我很清楚，有时候一本杂志的封面需要一个有噱头的标题以吸人眼球。断定法国文化已死当然是很极端的，但是为了吸引读者，夸大其词也是相对的手法，甚至是不可避免的。假如杂志封面这个夸张的标题能够使得法国人反省法国文化不再如 19 世纪及 20 世纪初那般辉煌的原因，能够让他们重新审视资助制度和配额制度，并且承认少数族裔对法国文化的贡献，那就好了！

事实上，这基本就是后来发生的事情。接下来的两个月的时间里，法国高端文化圈并没有仅仅满足于拷打我和《时代周刊》，而是开始思考文化在国民生活中扮演的角色。大大小小的辩论霸占了电视和广播节目，见解不一的评论文章见诸报端。我当然不指望我的文章能获得艺术与文学骑士勋章，不过法国人能如此认真对待这篇文章已经是对我最大的奖励了。

奥利维耶·普瓦福尔·达沃尔应该为"《时代周刊》绝妙的封面"亲自对我表示感谢，以此表达他的悔意。他在文章里说，这期封面是引导人们思考法国的文化价值的绝好机会，他还写道："当然，这是《时代周刊》送上的一份意外之礼，它让读者们在全球共同的兴趣点中分出一分精力关注了法国文化。这是属于我们的光辉时刻！这是一

第一章

次机会,可以呼吁我们的同胞不要坐享其成,要努力让法国文化重新振作。这是让法国政界、媒体、文化界和公众对这个话题重新关注的方式。"但是亲爱的奥利维耶,我才是最高兴的那个人。

当人们对我的文章回应得越来越多,我发现了一个不足,虽然文章有五页,但仍不足以详细阐述这个话题。限于篇幅,我不得不舍去大量数据,牺牲多个分析角度,还拿掉了一些决定性的论据。交稿时间紧迫,我没有太多时间用来调查、与受访人交谈并得出结论。我的文字表达也应该更巧妙一些。这大概是每一位作者常有的遗憾吧。

尽管我现在有机会充实自己的内容,但我无意向衰落的法兰西再次亮剑,发起新的进攻,仅仅希望接着文章引起的激烈争论继续下去,如果可能的话,作出尽可能公正的诊断,甚至探索复兴的道路。安托瓦纳·贡巴尼翁的回应对我很有启迪,我也非常荣幸自己的名字能够和他放在一起。

我也非常感激乐于同我分享看法、对我的工作提供了诸多帮助的学者、作家、艺术家、同事、朋友和所有法国文化爱好者。我首先要感谢为我提供了宝贵信息的:弗雷德里克·马特尔、居伊·沃尔特(Guy Walter)、道格拉斯·肯尼迪(Douglas Kennedy)、弗朗索瓦·布斯奈尔、克里斯多夫·博伊克斯(Christophe Boïcos)、马克·列维(Marc Lévy)和乔治娜·奥利弗(Georgina Oliver);感谢《时代周刊》的同事:克莱尔·塞纳德(Claire Senard)、皮特·冈贝尔(Peter Gumbel)、格兰特·罗森博格(Grant Rosenberg)(他也参与了报道)、迈克尔·艾略特(Michael Elliott)、威廉姆·格林(William Green)和杰米·格拉芙(Jamie Graff)(这三位同事传递了原稿并进行了编辑);

第一部分　法国文化还剩下什么？

感谢伊芙（Yves）和弗洛伦斯·达尔布瓦（Florence Darbois）、乔纳森（Jonathan）和蕾妮·芬比（Renée Fenby）、大卫（David）和瑞贝卡·泰普福尔（Rebecca Tepfer）、乔（Joe）和西根·科伊尔（Sigun Coyle），他们为我提供了一切关于法国的建议；感谢约翰·莫里斯（John Morris）和菲利普·萨洛蒙（Philippe Salomon），他们对关于摄影的部分提供了帮助；感谢常常与我讨论的同伴：查理·德格鲁特（Charles DeGroot）、杰克·拉马尔（Jake Lamar）、约翰·巴克斯特（John Baxter）、沃夫冈·库尔梅（Wolfgang Kuhlmey）、阿米尔·阿尔－安巴里（Amir Al-Anbari）、约翰·勒沃夫（John Lvoff）、巴利·兰朵（Barry Lando）；当然还要感谢安·莫里森（Ann Morrison），我写下的每一个字都是她给予我灵感，大部分内容她都进行了校阅。本书出现的事实错误或判断错误与上述人员无关。如本书引起新一轮的愤怒和嘲讽，我将一个人面对。

第二章

我到底写了些什么，会引发如此多的敌意和反驳，又如何从少数持欢迎态度的人那里得到帮助，才列出上述从心底感激的名单呢？下面我要简要做一个总结。

我在文章开头列出了2007年法国文学回归季*的丰富成果：727部小说（去年为683部）；数百张不同风格的音乐专辑和数十部电影；各大博物馆的大型展览；多个城市富丽堂皇的音乐厅里举办的音乐会、演奏会、戏剧；在很多国家，秋天意味着丰收，而在法国，这个季节意味着文化年的开端。我的文章继续写道，没有一个国家像法国一样如此重视文化。法国人对文化的资助相当慷慨，他们对文化实行配额制并减免税款，媒体将很大的版面留给了文化，每一个城市无论大小，都拥有自己一年一度的戏剧节和歌剧节，在文化中心和教堂，每个周末都有管风琴演奏和室内音乐会。

但问题是，法国文化的这些成果基本没有在世界其他国家产生影响。法国曾经以其优秀的作家、画家和音乐家获得世界声誉，如今却在世界文化市场中表现平平。独断专行的新总统上任后，意图在国际舞台重建法国的地位，使得这一问题变得尤为敏感。如果尼古拉·萨

---

* 每年8月中旬至10月底是法国出版界的黄金时段，文学作品出版尤其繁荣，称为"文学回归季"（la rentrée littéraire）。——译者注

第一部分　法国文化还剩下什么？

科齐（Nicolas Sarkozy）的规划中考虑到了文化，那他需要做的还有很多。

这一年只有很少几部小说能够在法国以外的国家找到出版商——在美国几乎一部都没有——，在法国上架的很大一部分虚构类作品翻译自英语作品，然而伟大的法国作家如莫里哀（Molière）、巴尔扎克（Balzac）、雨果（Hugo）、福楼拜（Flaubert）、普鲁斯特（Proust）、马尔罗（Malraux）、萨特（Sartre）和加缪（Camus），在国外读者成群。近一个世纪以来，法国电影在产量上一直位居第一，但它再也无法重现20世纪60年代由让-卢克·戈达尔（Jean-Luc Godard）、弗朗索瓦·特吕弗（François Truffaut）和其他新浪潮电影导演铸就的辉煌。我们不强求，但退一步讲，法国电影的制作常常局限于小成本影片，虽质量尚可但无甚反响，而且只针对国内市场。现在法国影院将近一半的票房都被美国电影瓜分了。

巴黎曾是艺术的舞台，是印象主义、超现实主义和各大重要流派的摇篮，如今已被纽约、伦敦甚至逐渐被柏林取代。曾经领衔现代艺术拍卖市场的巴黎，如今已退居次要位置。大型博物馆和国际展览对在世法国艺术家的青睐程度已经比不上美国、英国和德国的艺术家，而且法国艺术家的作品售价也高不过他国的同行。

当然，是有一些法国音乐家在国际上享有盛誉，但他们当中没有一位能够达到20世纪音乐巨匠，诸如德彪西（Claude Debussy）、埃里克·萨蒂（Erik Satie）、莫里斯·拉威尔（Maurice Ravel）和达律斯·米约（Darius Milhaud）的地位。在流行音乐方面，查尔斯·德内（Charles Trenet）、伊迪斯·琵雅芙（Édith Piaf）或者查尔斯·阿兹纳弗（Charles Aznavour）的歌曲曾在全世界传唱。而今，在美国人和英国人占据了摇滚舞台的同时，只有少数几位法国音乐人拥有国外的知

第二章

名度,或许,卡拉·布吕尼(Carla Bruni)除外,她低语般的歌声有着相对明显的辨识度,并且近来名声大涨,但个中原因完全不是音乐方面的了。

我们可以将法国文化影响力的式微当作观察国民特性时得到的一种结论,正如我们观察其他国民,发现意大利人软弱、比利时人不团结一样。然而,法国就是法国,这个国家几百年来一直将文化影响力视为一种政治利害,它的带有批判性的哲学家和豪华无比的博物馆煽动着国民的爱国之心,同时增添了他们的民族自豪感。在国际商业谈判时,法国努力让人们认可它的"文化例外政策",并且向他国介绍自己限制多种娱乐产品入境并扶持国产的法律条款。法国的领导人深信面对好莱坞威胁时采取这种文化保护政策的必要性,就连《侏罗纪公园》(Jurassic Park)不也被他们视"为对法国身份感的威胁"吗?

这还不是全部。法国一直自认对殖民地和盟国肩负有"开化的使命"。2005 年通过的一项法案要求教师们宣扬殖民行为的"积极面"(之后这条法案被废除了)。法国国内生产总值中文化和娱乐所占的比例高于任何一个其他发达国家。文化部不仅调拨大量资金给有声望的文化机构,诸如博物馆、歌剧和戏剧节,同时也大力扶助民间的文化活动。在这种路线下,法国议会于 2005 年决议通过将鹅肝列为"法国美食文化遗产"。法国与另一个基本原则同样根植于启蒙时代的著名国家一样,在普世价值观方面颇为自信。萨科齐就在 2007 年说过这样一句话:"不论是美国还是法国,我们的理念都是:照亮这个世界。"

法国在文化领域付出如此之多的努力,却没有在经济上或其他方面获得多大回报。在给出更为详细的数据之前,我们先来大致了解一下法国文化目前的国际地位:根据《费加罗杂志》2007 年的一份调查问卷,在 1310 名美国人当中,只有 20% 的受访人认为法国在文化领

第一部分　法国文化还剩下什么？

域表现出众，在美食方面倒是更令人向往。

接下来我在文章中分析了造成这种衰落的各种原因，比如英语在世界的霸主地位、法国的教育体制，以及政府部门在国家文化生活中的压制行为。我也提出了有可能阻止衰落加剧的一些措施，尤其是在社会边缘阶层极为显著的创造力。我在结论中认为，如果不考虑别国的认可，法国文化仍非常有活力，这个国家完全有能力重返文化强国的前列。

回想一下，我的文章有几个显而易见的缺陷，比如我本该提及几位法国建筑师的成就或者几个乐队的走红。再谨慎一些的话，我应该详细给出商业成功和艺术性之间的区别，但谁说过这两者是一码事了？反之亦然，我本应该提醒读者，不将法国文化置于国际市场进行衡量，是很难看出其影响力的。还有一点我没有详细展开，我并没有鼓吹干脆直接取消国家资助，而是反省了一下国家在文化领域采取干涉性不那么强的态度时可能带来的好处。

这些缺陷没有逃过反对者的眼睛，某几位的观点让我大半夜睡不着觉，搜肠刮肚地琢磨怎么予以反驳。文化部长克丽丝汀·阿尔巴奈尔（Christine Albanel）在《自由报》发表的文章质疑了我的一个观点，我是这么说的："国家对文化过度的扶持会扼杀创新……另外，国家扶持文化是法国的一个伟大传统：对图书进行单一定价挽救了出版业，电影业的文化政策使得法国电影在市场份额上不致被美国电影压垮。"只不过，部长女士，这样的政策是无法让编辑和电影公司做出吸引公众的书籍和电影的。

迪迪埃·雅各布（Didier Jacob）的博文断定我的文章"采用的观念已经严重过时"。他认为，莫里哀和普鲁斯特已经后继无人，正如

第二章

亨利·詹姆斯（Henry James）等在美国也后继无人了一样。亲爱的迪迪埃，你说得对，但是美国还有菲利普·罗斯（Philip Roth）、科马克·麦卡锡（Cormac McCarthy）、唐·德里罗（Don DeLillo）、托马斯·品钦（Thomas Pynchon），还有 2007 年去世的诺曼·梅勒（Norman Mailer）。另外，亨利·詹姆斯的书有时候真是无聊透顶。迪迪埃接着认为，在全世界，"杰作这个概念本身在 20 世纪下半叶就已经不存在了"。亲爱的朋友，不要把这句话说给美国作家们听，杰作已死的说法不会阻止他们时至今日还在角逐"伟大的美国小说"的称号。

奥利维耶·普瓦福尔·达沃尔的"致美国朋友们的一封信"在我看来是最为有力的回击。《时代周刊》在我的文章出来几周之后刊登了这封信的片段，法国文化频道也报道了一部分内容。这篇文章以一个 300 人的名单佐证了论点，这 300 人是"从事创作的法国人或工作地点在法国的创作人，他们在至少 20 个国家'拥有知名度'"，而且文章"采访了将近 80 个国家的（法国文化频道的）受访人"。

这篇文章的观点可以接受，论证也相当站得住脚。但这一切真的能反驳法国文化在国际舞台的影响式微吗？未必。我们接下来会论证这一点。但是作为开始，我要解释一下自己为什么会介入这个敏感话题。

第三章

首先我要承认，很奇怪的是，我本人就是法国文化传播使命的产物。想象一下20世纪五六十年代的美国中西部吧，在这个与世隔绝的文化荒漠，我们只有足球、教堂和电视可供消遣——电视只有三个频道（那个年代还没有有线电视）。命运弄人，我的选择比别人丰富一些：修女们给我提供了教育。如果有人能问一下我的意见，我宁愿让一群狼托管我，但我的父母不这么想。

这些修女属于圣于尔絮勒会，这个教会由布雷西亚的圣安吉拉创立于1535年，以公元4世纪的处女和受难者圣于尔絮勒的名字命名（以某种观点来看，拉丁语学者可以认定，我其实是由一群熊养大的）。1639年，圣于尔絮勒会的修女们来到法国，她们在那里的主要任务是幼儿教育。18世纪和19世纪，圣于尔絮勒会抵达北美洲，在魁北克、纽约、新奥尔良以及更为偏远的地区成立了修会，这些偏远地区就包括我的出生地奥尔顿，伊利诺伊州南部的一座城市。

5岁时我进入了由圣于尔絮勒会修女管理的当地幼儿园，接着又就读于圣于尔絮勒会管理的小学，我上的当地高中也是属于修会的。直到我报考了一所世俗大学，才摆脱了修会。我在校园里遇到了一名年轻的女生，她之前就读的新罗谢尔中学不必说也是由修会管理的。你们一定猜到了，这名年轻的女大学生后来成为了我的妻子。

第一部分　法国文化还剩下什么？

言归正传。奥尔顿离圣路易斯非常近，圣路易斯是一个重要得多的城市，1764年它由法国人建立，因此在建筑、街道名称和遗址名称上保留了很多印迹。奥尔顿也是如此，它是法国人在半个世纪之后建立的。我整个童年都听着17世纪法国开拓者们的事迹长大，比如马奎特神父（我的学校就是以他的名字命名的），比如路易斯·乔利埃特（Louis Joliet），他们安营扎寨的地方也是我后来穿着短裤嬉戏玩耍的地方。其他当地著名的历史人物还有弗兰特纳克伯爵（Frontenac）、皮埃尔·拉克利德（Pierre Laclède）和米歇尔-纪尧姆·让·德·克雷维格（Michel-Guillaume Jean de Crèvecœur）。我有很多同班同学用的是法文名字，附近的一些城市也是这样。

自开蒙起，我的圣于尔絮勒会教师们——她们当中有法国人，也有魁北克人——为我打开了一扇了解法国文化、历史和语言的窗口。我很小的时候就学过儿歌《雅克兄弟》（Frère Jacques），那时连歌词是什么意思都不知道。美国的教育系统像一家煤气工厂，从不会鼓励学生学外语。我直到14岁才能够在法语和西班牙语之间选修一种，当时西班牙语是美国选修人数最多的一门语言，在我的学校尤其如此。但我还是选择了法语。

我的法语老师是一名上了年纪的修女，她从没去过法国，但是在学校严苛的训练和严明的管束下，我还是出色地掌握了法语写作能力（但口语能力几乎为零）。那个时候，我们很容易读到法语书，我在想这是不是法国当时的文化推广政策的结果。我读了雨果和巴尔扎克，伏尔泰和孟德斯鸠，蒙田和福楼拜，莫泊桑和杜拉斯。当我知道狄德罗编写过《百科全书》（Encyclopédie）时，我踌躇满志地动手编写我自己的版本。我大概只编写到字母A。另外，我知道弗兰克·辛纳屈（Frank Sinatra）的《我的路》改编自克劳德·弗朗索瓦（Claude

François）的《像平常一样》(Comme d'habitude)，还知道鲍比·达林（Bobby Darin）的《飞跃海洋》(Beyond the Sea)其实是查尔斯·德内（Charles Trenet）的《大海》的英文版。我几乎没工夫去追猫王和詹姆斯·迪恩（James Dean），而是彻底迷上了莫里斯·切瓦利亚（Maurice Chevalier）和查尔斯·博耶（Charles Boyer）充满异域情调的魅力。在任何方面，我都偏爱法国，比如法式热吻。对我来说，法国无论在文化、思想还是生活方式上都是一座高峰，无比高级。

原谅我交待了一下自己的人生经历，有点离题。在我写下这些字的时候，达尼埃尔·佩纳克（Daniel Pennac）的《上学的烦恼》(Chagrin d'école)（伽利玛出版社，2007年）登上了畅销榜首，作者妙趣横生的读书岁月让我回想起童年经历对我们命运的影响。对我来说，我的教育经历激发了我对法国的极大向往。很不幸，直到23岁我才真正如愿来到法国。我出身寒门，后来"越战"爆发，我又服了兵役，阻挠我成行的障碍重重。后来，在大学二年级的时候，我搭火车从伦敦出发，又换乘轮渡，颠沛一整夜，终于在清晨抵达加莱。第一批开始营业的店铺刚卷起铁帘，我惊讶地发现，当地人居然听懂了我嘟嘟囔囔说出的奇怪法语，这是法语课的硕果仅存。后来我又多次因采访需要来到法国，这个国家对我的吸引力从未减弱。等到我终于退休，也就是距离初次来法30年之后，我和那位毕业于新罗谢尔中学的女大学生决定，定居在法国。原因当然是它的文化。

因此，当《时代周刊》的前同事建议我重新提笔，写一篇关于法国文化衰落的长文时，我如何拒绝得了呢？我还是拒绝了一下，毕竟我已经退休，不是非做这份工作不可。而且我的巴黎生活充实无比，我要读书、聚会、逛博物馆、听歌剧、参加讲座，还要去外省旅行，这个国家带给我的乐趣数不胜数。我不是特例，法国不仅仅是美国人

第一部分　法国文化还剩下什么？

最喜欢的旅游目的地，也是数万名美国同胞选择定居的地方。而且我在文章里也提到过，无论是谁生活在法国，都能感受到它的文化生机勃勃。然而我那时没有意识到的是，法国文化在国外已经光芒不再。

　　这个事实没有逃过迈克尔·艾略特（Michael Elliott）的眼睛。他是《时代周刊》国际版的主编，在纽约办公，拥有非常理想的观察立场，他察觉到了我所说的国内国外的这种不对等。在伦敦分部负责人威廉姆·格林（William Green）的帮助下，他最终说服我应了下来。我和威廉姆·格林约见在伦敦的一家法国餐厅，餐厅的酒单上有几种卢瓦尔河谷酒窖的珍藏，这或许对我的决定起到了些作用。他们两位都是英国人，虽然他们在世界各地工作过，但鉴于英法两国在历史上存在一种敌对关系，我不禁想他们是不是倾向于察觉出一些在我这个美国人眼中难以察觉的文化衰落的信号。

　　就这样，我满怀热情地投入到这个选题中。我所观察到的事情让我吃了一惊。

第四章

文化衰落是一种难以衡量的现象。提到这个，对于某些法国人来说，就会让他们怀念起19世纪和20世纪初阶层更分明、界限更严明的社会。但这种严明也是一种主观的依据，文化也是这样。文化这个词用以表示对品位的褒扬，涉及艺术、诗歌以及各种精英知识分子予以高度评价的学科，对他们来说，文化不是一种消遣。孟德斯鸠认为，钻研文化是为了"让一个聪明的人更聪明"。19世纪英国诗人、评论家马修·阿诺德（Matthew Arnold）将文化定义为"通过学习世界上最优秀的思想和论说，对至臻的自我完善的一种追求"。阿诺德认为这个关系对于发展一种有益的民主制是至关重要的。此种定义文化的视角源于柏拉图思想，它的先决条件是美和完善的特点是恒定的，并且对任何社会来说都是一致的。

我们当代人将这个定义高度扩大化了。安德烈·马尔罗（André Malraux）认为，"人们所说的'文化'是指，一个人在镜子里看到他死后面孔时能够作出的全部隐秘反应的合集"。人类学家丹尼尔·贝茨（Daniel Bates）和弗雷德·普洛格（Fred Plog）对文化的定义非常宽泛，他们认为，文化是"由信仰、价值观、行为习惯和手工艺品构成的体系，一个社会的成员用以面对世界和相互交流，并且通过学习代代相传。"可以看出，这个被大学教育广泛认可的定义将大众的底

第一部分　法国文化还剩下什么？

层文化也包括了进来，同时还囊括了社会等级、丧葬习俗和其他系统化行为。

然而，提到法国文化的衰落，我们想到的显然不是信仰体系和传统体系，而是艺术、文学、音乐和其他"高端文化"的表达形式。受教育人群——欧洲尤甚——总是与大众的"底层文化"保持距离，这种文化往往与娱乐、大众媒体和市场联系在一起。汉娜·阿伦特（Hannah Arendt）在1963年的论文"文化的危机"（*La Crise de la culture*）中认为，艺术作品应该断然与消费行为和使用性隔离开，并远离人类生活的必需品范畴。同阿伦特一样，我也认为文化应当尽量摆脱商业性。但如果"底层文化"的产品形式——或许水平要低一些——是古典音乐、艺术电影、实验电影和进得了博物馆收藏的画作，如果它们的美和完善得到了公认，我认为不妨给予这种"底层文化"一定的地位。我接下来将要讨论的就是文化的这两个层面，不仅法国公权力保证它们的合法性，并且公众对这两种层次的文化都予以赞赏，将它们视为国家身份的本质。

计算一个国家文化产品的国际影响是一个敏感问题。有各种各样的测量方式可以给我们提供经验性的结果，诸如民意调查、知名度排行、票房收入和销售数据等。正如我在文章中提到的，我们美国人很容易将品质和受欢迎程度混为一谈。皮埃尔·阿苏利纳（Pierre Assouline）的博客里有一条评论是这么说的："热狗比炖牛肉强多了，这很容易计算。要看销售数据，除了数据，别的都不存在，不是吗？"

错！除非你认为一辆雷诺梅甘娜比一辆梅赛德斯强得多，或者一瓶木桐嘉棣比一瓶木桐酒庄强得多。按照这个如此特别的逻辑，因为热狗需要深加工，所以比炖牛肉要贵。这种争论毫无意义。但它证明将数据测量引入争论会给人一种印象，就是将艺术与商业行为混为一谈,并且将艺术作品贬低为适用于供求法则的纯粹的商品。情况当然不是这样。艺术是一种灵魂表达和精神表达,是创造性的自发行为。即使它受到社会背景、政治背景和经济背景的影响,其性质不会改变。德国哲学家瓦尔特·本雅明(Walter Benjamin)说过:"艺术最重要的任务之一,就是在一个需求得到完全满足的时机尚未成熟时,引起这个需求。"

然而艺术家们创作出的作品有买有卖,它们的价格可以编录、分析。艺术就像光线,按照物理学家的说法,光线表现为波段和粒子,我们可以测量粒子的冲击,但我们不能否认光线所具有的波段是无法称重的。

这说明两件艺术品之间的不同价值会引发无尽的争论。这种不同也的确存在。一件大尺寸油画通常比一件小尺寸油画贵,任何事物都是这样;德国当代艺术家的作品往往比法国当代艺术家的作品卖得贵。我们是否就能得出结论说小型艺术品和法国艺术家不"好"呢?未必。请注意另一个现象:当艺术评论家、历史学家和专家们对一件艺术品的品质达成共识时,画廊家和收藏家云集的艺术国际市场极有可能对同一作品提出相反看法。因此优秀与否是相对的,它一方面取决于高雅的艺术评论家,另一方面取决于追求物质享受的消费者,取决于商人。任何人如果认为专家的判断更可靠、更有说服力,都有可能被指责为精英主义思想作祟,是站在特权阶层的价值体系上承认品位良好的行家可以充当裁判的角色。达达主义之父、传统价值观颠覆者马塞尔·杜尚(Marcel Duchamp)曾提出这样一个著名的建议:"拿一幅伦勃朗的画当熨衣板吧。"

任何以经验性手段衡量文化的尝试都让我想起19世纪一个伪科学试验:人们相信,在人临死前和刚死后分别称体重,两数相减就能得

第一部分　法国文化还剩下什么？

出灵魂的重量。经验常常会得出一个数据，但我们并不能从中得出什么结论。不过，如果不进行测量，如何能评估一个国家的文化在国际层面具有怎样的影响力呢？任何其他研究方法只不过是无关紧要的数据和主观意见。这就是为什么接下来会出现一些数据，它们本身并不能说明法国文化在世界上的活力，但忽视这些数据也是荒谬的。

第五章

法国每年有两次文学回归季。2007年秋季共出版了727部小说，2008年冬季共有547种新书上架，比上一年冬季多了5种。法国现存的1万家出版社（据出版业全国总工会统计）平均每年发行6万种不同种类的新书。然而媒体和公众只对在两次成果统计中出版的1000到2000种小说感兴趣，同时只对两个时间段之外出版的1000到2000种其他品种的新书感兴趣——通常是随笔。我们可以认为这些书就构成了法国当代文学。在法国，这些书能够找到读者，能够在电视节目和杂志上引起讨论，也能够在饭桌上充当谈资。但出了法国，几乎没人对它们感兴趣。

只有很少一部分书可能引起国外出版社的兴趣，在美国出版的法国小说顶多十余部。根据美国图书文化中心的精确计算，2000年至2006年期间，法国平均每年向美国出版社输出的图书版权数量为8.7部。道尔基档案出版社提供的数据稍有不同，2000年至2005年期间，法国向美国的版权输出量为8.5部。我们将会发现这个结果比意大利（平均每年翻译到美国的小说为6.5部）或者德国（6部）的状况要好一些，但这就可以满足了吗？（据估计，英国引进法、意、德三国小说的数量相当。）

法国的版权输出在非盎格鲁-撒克逊国家，尤其是在其欧洲邻国

第一部分　法国文化还剩下什么？

的状况要好得多。例如德国在 2005 年有 9.4% 的小说翻译自法语，次于英语，排名第二，但两者的差距相当之大，由英语翻译成德语的小说占 60%。意大利和西班牙的情况差不多，每年数据相差不大：法语文学的翻译引进排名第二，次于英语。

根据出版业全国总工会（Syndicat national de l'édition，SNE）的统计数据，2006 年，共有 6578 种法语图书输出到国外，其中 2026 种为小说。这些国家排第一的是意大利，共引进 187 种文学类图书，其次是西班牙（153 种），第三是俄罗斯（133 种）。同一时期，法国购买的小说版权数量为 433 部。这些数据表明，法国每购买一种外国文学类图书，就会卖出 4.7 种，其文学类图书市场是成正比的。但如果我们只看英语图书的市场，情况就完全不一样了。2004 年，法国出版社共引进 240 种英语图书，只向盎格鲁-撒克逊国家输出了 90 种图书（美国和英国平分秋色）。国际笔会估计，在美国引进的所有版权中，法语图书大概占 30%。这个数字看起来很高，但其中大部分都是以前的作家的作品，如安德烈·纪德（André Gide）、安德烈·马尔罗、让-保罗·萨特（Jean-Paul Sartre）、阿尔贝·加缪（Albert Camus）、玛格丽特·杜拉斯（Marguerite Duras）、弗朗索瓦兹·萨冈（Françoise Sagan）。在世作家的作品被远远甩在后面。

有一类法国作家的名声远高于他们的作品销量。在盎格鲁-撒克逊国家，这些作家被归为"法国理论"派——这个派别在法国不存在。这个队伍里包括雅克·拉康（Jacques Lacan）（精神分析学）、克洛德·列维-斯特劳斯（Claude Lévi-Strauss）（人类学）、罗兰·巴特（Roland Barthes）（符号学）、米歇尔·福柯（Michel Foucault）（历史）、吉尔·德勒兹（Gilles Deleuze）和费力克斯·瓜塔里（Félix

Guattari)（哲学和精神分析学）、让·鲍德里亚（Jean Baudrillard）和雅克·德里达（Jacques Derrida）（文化理论和社会理论）等。尽管他们没有推行所谓的运动，但都以新的视角——往往是马克思主义观点或者激进观点——观察这个世界，按照他们当中一些人的说法就是，"解构"这个世界。他们在20世纪60年代的法国声名鹊起，70年代中期，其影响力受到立场不那么激进的新哲学家的反马克思主义和"公民人文主义"的冲击。

"法国理论"派在美国大学，尤其是文学系又找到了新的支持者，相继为一代代解构主义者、反解构主义者、后解构主义者和反后解构主义者提供了灵感。尽管美国大学里的行话基本不会跨出校园，但来自法语的词汇却丰富了人们的日常语言，伍迪·艾伦（Woody Allen）就有一部电影取名为《解构哈利》(*Deconstructing Harry*)。发行商针对法国市场给影片取了另外一个名字（*Harry dans tous ses états*），因为"解构"的概念对于法国观众来说不是那么熟悉。

今天，有一部分法国思想家拥有国际声誉，比如朱丽娅·克里斯蒂娃（Julia Kristeva）、安德烈·孔特-斯蓬维尔（André Comte-Sponville），还有一些新哲学家，如安德烈·格鲁克曼（André Glucksmann）、阿兰·芬凯尔克劳特（Alain Finkielkraut）和贝尔纳-亨利·列维（Bernard-Henri Lévy）。其中后者于2003年出版的著作《谁杀了丹尼尔·珀尔？》(*Qui a tué Daniel Pearl?*) 在国际上反响很大，但他之后的作品《美国眩晕》(*American Vertigo*) 没有再创佳绩。总之，"法国理论"派的辉煌已不再，除了几个大学仍坚守阵地，其最顽强的支持者在美国学界已经沦为笑柄。法国哲学家的星光黯淡了，其他著作尤其是美国哲学家的作品获得了人们更多的关注，诸如约翰·罗尔斯（John Rawls）、罗伯特·诺齐克（Robert Nozick）、尼古拉斯·斯

第一部分　法国文化还剩下什么？

特金（Nicholas Sturgeon）、理查德·博伊德（Richard Boyd），以及德国哲学家如尤尔根·哈贝马斯（Jürgen Habermas）。让·鲍德里亚在一次访谈中将"法国理论"派比作"来自法国的礼物"，他说"法国送给美国人一种他们并不需要的语言。就像自由女神像一样。没有人需要'法国理论'"。[1]

众多证据表明，各个学派的法国作家和理论家已经失去了影响力。《泰晤士报文学副刊》（*Times Literary Supplement*）在1995年刊登了一份各时期最重要图书名单，共有13部法语著作上榜，但其中5部出版于20世纪40年代，4部出版于50年代，3部出版于60年代，只有1部出版于70年代初［雷蒙·阿隆（Raymond Aron）的《回忆录》］。2005年，美国杂志《外交政策》（*Foreign Policy*）和英国杂志《展望》（*Prospect*）请读者给出100名最有影响力的"参与公共事务"的知识分子。来自全世界的两万名读者参与了调查，最终评选出来的名单包括31名美国人，12名英国人，5名中国人；德国、加拿大和印度各有3人上榜。法国仅有两人上榜（让·鲍德里亚和阿兰·芬凯尔克劳特），与意大利、日本、肯尼亚和瑞士的人数相当。正如让·鲍德里亚在一次访谈中所说："法国知识分子已经不存在了。你们所说的'法国知识分子'已经被媒体给毁了。他们上电视，上报纸，但相互之间完全没有交流……我们自以为是，对外面的事物漠不关心，只接受自己发明的那些东西。"

法国给美国带来了一小撮理论家的著作，但法国三分之一的外国著作都来自美国。法国在整个20世纪出版的所有小说当中，译作的比重在30%到40%之间（2007年的数字为40.3%），2007年翻译出版

---

[1] 黛博拉·所罗门（Deborah Solomon），"大陆漂移"（«Continent Drift»），《纽约时报杂志》（*New York Times Magazine*），2005年11月20日。

的3441部小说当中，英语小说占将近四分之三。根据出版业全国总工会2006年的统计，法国出版社购买了翻译版权的英语小说中，将近一半为美国小说。换言之，法国销售的全部翻译作品当中有三分之一来自美国。

外国的虚构类小说，尤其是写实且详尽的历史题材，在法国大受欢迎。因此，以情节描写见长的盎格鲁-撒克逊作家，如约翰·勒·卡雷（John Le Carré）、派特·康洛伊（Pat Conroy）、伊恩·麦克尤恩（Ian McEwan）和威廉姆·博伊德（William Boyd）等，占据了法国畅销书榜。还有一些美国作家被认为是寄居的法国人，例如戴安·约翰逊（Diane Johnson）、保罗·奥斯特（Paul Auster）、南希·休斯顿（Nancy Huston）、杰克·拉马尔（Jake Lamar）和道格拉斯·肯尼迪（Douglas Kennedy）。保罗·奥斯特的《布鲁克林的荒唐事》（*Brooklyn Follies*）在法国出版一年后才在美国出版。道格拉斯·肯尼迪的大部分作品甚至没有在美国出版过。美国作家、《爱与氢气》（*Love and Hydrogen*）的作者吉姆·谢巴德（Jim Shepard）2004年住在巴黎，他说道："在我的家乡马萨诸塞州，几乎没人知道我是个作家。但是在这里，我走在大街上都会有人问我：'哎，您不会就是吉姆·谢巴德吧？我超爱您写的书！'"[1]

对外国作家的这种兴趣往往会带来意想不到的畅销，2006年，900页的小说《善良者》（*Bienveillantes*）由伽利玛出版社放在著名的白皮丛书中出版。截至2007年底，这本书卖了70万册，获得了法兰西学术院小说大奖和龚古尔文学奖。本书作者乔纳森·利特尔（Jonathan Littell）是一名在法国长大的美国人，用法语写作，他对法语的精通几

---

[1] 克里斯提娜·内林（Christina Nehring），"作家在天堂"（« Writers in Paradise »），《纽约时报》，2004年12月12日。

第一部分　法国文化还剩下什么？

乎没有哪个文学评论家可以指摘。但这部小说的成功另有原因，比如作者的文学野心、丰富的历史知识、调动情绪的能力以及露骨的描写。乔纳森·利特尔在一次难得的访谈中评价自己的作品"达到了一部更具小说性的、极为完整的长篇巨作的要求"。美国评论家伊丽莎白·文森特利（Elisabeth Vincentelli）进一步指出，"根据很多观察的结果，这也正是法国小说作者无法做到的。我们听到的最多的指责就是：我们再也找不到一个有气力进行长篇叙事的法国作家了。"[1]

法国文学类图书的发行中，英语市场并没有被高估。英语作为4亿人口的母语，是仅次于汉语的世界第二大语言。此外，根据威尔士环境语言学家大卫·克里斯特尔（David Crystal）的估算，还有4亿人口将英语作为第二语言，数百万人口拥有英语阅读能力。[2] 英国文化协会十年前的一份研究表明，全世界出版的图书中27%为英语（12%为德语，8%为法语）。英语还有另外一个更为重要的功能，就是一个国家向世界其他国家的文学传送带。一般来说，一本书首先必须翻译成英语，这个版本——而不是原版——才会引起国际上某个出版社的关注。哥伦比亚大学文学翻译中心主任艾斯特·艾伦（Esther Allen）认为："英语是文学界的第一交换货币。"

尽管如此，法国仍在努力推广自己的文学价值观。文化部每年用于发展和输出法语著作以及向外国出版社转让版权的资助金额在1000万欧元左右。隶属文化部的法国国家图书中心每年为500部左右的法

---

[1] 伊丽莎白·文森特利，"一名美国小说家震惊法国"（«An American novelist scandalizes France»），salon.com，2007年2月27日。

[2] 艾斯特·艾伦（指导），《被翻译还是不被翻译——PEN/IRL 关于国际文学翻译状况的报告》（To Be Translated or Not To Be – PEN/IRL Report on the International Situation of Literary Translation），2007年，第17页。

语著作提供资助，用以覆盖20%至50%的翻译成本。外交部出版资助项目对那些被认定具有特殊文化重要性的图书提供资助。例如，在美国，出版社出版一本源语言为法语的图书，"海明威基金会"拨发1000至6000美元不等的资助，用于覆盖一部分翻译稿酬。

支持原创法语文学的并不只有国家机关。法国非常重视自己的作家，每年颁发的文学奖项超过900种——很少有哪个国家会颁发这么多奖项——，其中最重要的获奖人会得到极高的地位。2004年雅克·德里达去世时，他的肖像登上了各大报刊的头版，不论国家总统还是总理都发表了悼辞。一个月之前，弗朗索瓦兹·萨冈的离世引起了同样的反应，尽管她从50岁之后就再也没有出版过一部值得注意的作品，但《费加罗报》评价她的死让"法国陷入了绝望"。

很少有哪个国家可以夸耀自己拥有像法兰西学院或者法国文化中心一样为国家的语言和文学事业作出贡献的机构。更没有哪个国家拥有如此之多关注作家和诗人的电视节目〔《引号》(Apostrophes) 一直是深受法国观众欢迎的节目〕。也没有任何一个国家拥有像《阅读》(Lire) 一样面对大众、发行量接近9万册的文学杂志。法国能够十余次获得诺贝尔文学奖，比任何国家都多，我们并不会感到奇怪——尽管最近一次的获得者是用汉语写作的高行健。问题出在法国文学本身，它变得晦涩难懂，远离了现实世界，因此很难输出到国外。

小说并不是法国人的发明，但19世纪、20世纪他们在这个领域独领风骚：司汤达（Stendhal）、巴尔扎克、雨果、大仲马、小仲马、福楼拜、左拉（Zola）、普鲁斯特和塞利纳（Céline）等，在全世界拥有大批读者。1862年，《悲惨世界》(Misérables) 在阿姆斯特丹、伦敦、巴黎和纽约同时出版，可谓国际出版界的第一次"大事件"。截至19世纪末，《悲惨世界》一共卖出700万册，为雨果带来了出版史上前

第一部分　法国文化还剩下什么？

所未有的版税收入。在美国，巴尔扎克和大仲马曾经名列畅销榜首。恩格斯在流亡伦敦期间，比起左拉更偏爱巴尔扎克，但两个作家的作品他都读。1887年，左拉的《土地》(La Terre) 在巴黎出版，第二年其英文版就在伦敦出版了。法国当时在虚构类文学方面处于中心地位。

到了20世纪中期，新小说的出现令这种情况急转直下。新小说派摒弃了真实性和情节等常规的表现手法，提倡实验性，制造的效果往往令人茫然不解。在对于这条道路的探索得到了当时盛行的结构主义流派的青睐，这个流派认为，相比自由意志，人类的行为更从属于不同的结构，诸如亲属关系、社会阶层。在文学领域，结构主义理论与语言学紧密相连，并且认为文学作品的价值在于其结构的创新性，而非人物性格的塑造和作者的创作。该理论的简洁明了拥有一定的吸引力，人们在践行这个理论时没少炮制出一些令人生厌的作品。

继新小说派先驱——娜塔莉·萨罗特（Nathalie Sarraute）、克洛德·西蒙（Claude Simon）、阿兰·罗布-格里耶（Alain Robbe-Grillet）和米歇尔·布托尔（Michel Butor）等——之后，如今很少有作家自称新小说派，但这个流派仍保留了一些深埋的影响。当代法国作家常常保持一种实验性、自我指涉性以及幽闭性——如果这不是以自我为中心的话。约翰·利奇菲尔德叹息道："法国小说陷入了一种疯狂而强迫式的理智主义空想，不再喜欢讲故事。"[1]

当今的法国作家已经不再是19世纪紧抓社会问题的小说家，不再是"二战"前后的介入作家，也不再是1968年的那一代作家，现在的他们与现实世界保持距离，远离政治、全球化、恐怖主义、环境危

---

[1] 约翰·利奇菲尔德，"法国文化之死？我不这么看"（« The death of French culture？I don't think so »），《独立报》，2007年12月6日。

机等各种棘手问题,过分专注于内心世界和无关紧要的问题。一名美国评论家这样总结2004年的法国文学作品:"松弛的散文、浅薄的自恋、矫揉的悲观"。[1]

定居巴黎的加拿大作家南希·休斯顿曾在《绝望的教授》(*Professeurs de désespoir*)(南方行动出版社,2004年)一书中,指责欧洲作家尤其是法国作家热衷于一种"贫乏的虚无主义",并且对任何乐观主义表现嗤之以鼻。她的重点谴责对象是米歇尔·韦勒贝克(Michel Houellebecq),后者是当时为数不多的作品被翻译为多种语言的法国作家,他对女性的厌恶、愤世嫉俗和拐弯抹角的叙事风格,堪列晦涩小说作家之首。但米歇尔·韦勒贝克这个靶子或许不太合适。一些在国外小有名气的作家的作品其实是很容易读懂的,比如安娜·戈华达(Anna Gavalda)的作品《在一起,就好》(*Ensemble, c'est tout*)(爱好者出版社,2004年),它被翻译成38种语言,并且被克劳德·贝里(Claude Berri)改编为电影。但这部小说仍没有脱离以一种内心式的笔调描写的爱情关系。

同许多评论家一样,南希·休斯顿也对"自传体小说"(autofiction)这种模式颇有微词,这种小说式自传曾催生了一些不错的作品,但往往局限于极为个人化的关注点。"自传体小说"是塞尔热·杜布罗夫斯基(Serge Doubrovsky)于1977年发明的词,用以指代一种"对于完全真实的事件和事实的想象"。今天这个词带有贬义,因此就算哪个作者的作品带有此种性质,他也不会承认。可以归于此类性质的作品有凯瑟琳·米耶(Catherine Millet)极为露骨的回忆录《凯瑟琳.M的性生活》(*La Vie sexuelle de Catherine M.*)(色伊出版社,2001年),还

---

[1] 克里斯提娜·内林,"作家在天堂"。

第一部分　法国文化还剩下什么？

有克里斯提娜·安戈（Christine Angot）的《乱伦》（*L'Inceste*）（斯托克出版社，1999年），本书描述了与自己父亲的性关系——作者没有明说是真实的还是想象的。克里斯提娜·安戈凭借上上部作品《约会》（*Rendez-vous*）（弗拉马利翁出版社，2006年）荣获2006年花神奖，这部作品详尽无遗地剖析了作者的恋爱关系。观察下来，我们可以不夸张地说，法国出版的小说一多半都是这种类型。

"自传体小说是广泛存在于法国的问题"，《阅读》杂志主编弗朗索瓦·布斯奈尔在他堆满了书的办公室对我坦白道，"我估计这一季度出版的727部小说当中，有70%都属于这种类型。文学不应局限于个人问题，它是一种艰苦的训练，需要各种研究，需要对一般角色进行挖掘。如果我写的是一个爱情故事，是我坐地铁的路线，我的分手过程，那就变得简单多了。结构主义和新小说出现之后，文学成为一种治疗。结果现在每个人都认为自己可以写作了。"安娜·卡里埃（Anne Carrière）管理着一家以自己的名字命名的出版社，她的观点如出一辙。她在发表于2007年《阅读》4月刊的文章中写道："我给年轻作家的第一条建议就是：'不要把你的痛苦付诸笔端'。我收到的稿件有四分之三都是些心理治疗性的东西，这不是小说。说实话，你的这些个人问题没人感兴趣。"

卡里埃的挖苦或许可以解释法国小说在国外不受欢迎的原因，尤其是在英语国家。就连让·鲍德里亚也承认，比起法国小说，他更喜欢美国小说。无论是《纽约时报》2007年度50部最好的小说评选，还是《金融时报》（*Financial Times*）2007年度29部重要小说评选，又或是《时代杂志》（*Time*）2007年举办的1923年建刊以来100部最好的小说评选，没有一部法国小说上榜。1974年获得纽斯塔特国际文学奖的弗朗西斯·蓬热（Francis Ponge）得到了5万美元奖金，他是最后一名获得此奖项的法国作家，1996年获奖的阿尔及利亚作家阿西亚·德耶巴（Assia Djebar）只是用法语写作。问题症结很可能是法国小说水平不行，而且小说家们与现实世界格格不入。这也正是他们和英语小说家的区别所在。《五分之一个女人》(*La Femme du cinquième*)（贝尔丰出版社，2007年）的法语版登上了畅销书榜，它的作者道格拉斯·肯尼迪对我说："在这个国家，文学还是被认真对待的。"但他又补充说："美国小说以这样或那样的方式关注美国人的生存状态。法国小说家的作品也很优秀，但他们有一个严重缺陷，就是对法国的现状漠不关心。"

似乎没有任何事情能让法国作家去开辟新的道路，在自己国家小有名气对他们来说就足够了。弗朗索瓦·布斯奈尔解释说："在这个国家，作家相对来说具有令人艳羡的身份地位。在美国，作家们把成功的标准放得很高。他们对参加各种晚宴不感兴趣，也没有类似花神咖啡馆这样的地方聚一聚。而法国作家呢，他们认为自己应该表现得像个知识分子。"文学评论界也在鼓励这种态度。按照惯例，评论界力捧最晦涩难懂的小说，贬低最简单易读的小说。畅销书作家马克·列维就是一个典型例子。他的书简单、煽情、好读，所以得不到评论界的青睐。这大概也是列维多年来定居伦敦的原因吧。网站nonfiction.fr的弗雷德里克·马特尔说："评论界对法国卖得好的书几乎一本都看不上。"

而出版社是扰乱这个体系的罪魁祸首。时任法国文化部长的雅克·朗（Jack Lang）于1981年推行了单一图书定价政策，因为这个政策，出版社可以在印数少于外版书的法语书身上有利润可赚。很多观察员认为法国出书太多了。弗朗索瓦·布斯奈尔在谈及他的杂志社的工作方法时说道："我们的25名校对人员每周工作七天无休，人手还

第一部分　法国文化还剩下什么？

是不够。2007年秋季出版的727部小说当中，大概有一半会有人读，其中10到20本会有人写书评，6到7本会畅销。就算这样，也阻止不了出版社保持这种出版节奏。他们不在乎。他们要赚钱，赚得不多，但也够用。"法兰西学院院士让·端木松（Jean d'Ormesson）缓和了一下这个观点，他说："我们可以怪出版社出书太多。但至少要看清一点，就是尽管他们发行很多平庸之作，但很少错过一部杰作。"[1] 可惜的是，其他国家发现不了这之间的区别。

---

[1] 克里斯提娜·内林，"作家在天堂"。

第六章

电影诞生在法国。1892年，雷昂·布里（Léon Bouly）发明了摄像机。三年后，卢米埃尔兄弟（Lumière）举办了历史上首次电影放映会。20世纪初，法国拥有世界上最大的电影工业。但第一次世界大战期间，法国电影制造业几乎消于无形，战后，电影业高地已经被好莱坞占领了。不过法国在电影圈仍具有重要影响力。20世纪20年代，好莱坞电影引导了法国新一代电影导演。他们组成的先锋派改变了全世界的剪辑方式。在路易·德吕克（Louis Delluc）的推动之下，法国导演学会了使用错接镜头、虚焦镜头、主观摄影以及可以得到更为主观、更为印象主义风格的重叠剪辑法。超现实主义和达达主义在实验的道路上坚持不懈，法国拥有了一种超群的地位，在这个国家，电影被视为一种艺术。

20世纪50年代和60年代的新浪潮电影进一步确立了电影的艺术地位。这个流派摒弃了电影制片厂的繁重布景，采用了即兴拍摄的方式，运用自然光、外景摄影以及同期录音，更为关键的一点是，导演具有绝对话语权，他的地位相当于电影作品的"作者"。弗朗索瓦·特吕弗、让-吕克·戈达尔、克劳德·夏布洛尔（Claude Chabrol）等一众导演因此在世界范围成为第七艺术的英雄。之后，法国电影的星辉在国际上逐渐黯淡下去。

第一部分　法国文化还剩下什么？

让我们来回顾一下三个时期：从 1950 年至 20 世纪 70 年代末，共有八部法国电影荣获奥斯卡最佳外语片奖，同一时期没有任何一个国家超过这个数字。之后的 30 年间，法国仅获得了一次奥斯卡最佳外语片奖〔《印度支那》(*Indochine*)，1992 年〕。法国或许会以戛纳电影节的佳绩为傲，但这只是自己国内颁发的奖项。1950 年至 1979 年，法国荣获四次金棕榈奖，之后又五次获奖。然而，1980 年之后获奖的《地下》(*Underground*) 和《钢琴家》(*Le Pianiste*) 的导演埃米尔·库斯图里卡 (Emir Kusturica) 和罗曼·波兰斯基 (Roman Polanski) 都是外国人，前者出生在南斯拉夫，后者虽出生在巴黎，但在波兰长大，而且这两部电影都不是在巴黎拍摄的。此外，这两部电影均没有在法国放映，使用的语言也不是法语，演员也都是外国人。法国电影在柏林电影节曾经大放异彩，自 1951 年电影节创办以来，共获得过六次金熊奖。然而，继 1965 年《阿尔法城》(*Alphaville*) 获奖之后，法国在之后的 30 年中均没有出色表现。

20 世纪 70 年代之后到底发生了什么？电视吸引走了一大部分电影观众，而其余那些观众被好莱坞大片抢走了。于是，据法国国家电影中心的统计数字，2007 年 3 月至 2008 年 2 月，美国电影占有 43.2% 的电影市场，几乎与法国电影的 46.4% 持平。国家对电影业资助的增长维持了行业的发展，一些外国导演——简·康平 (Jane Campion)、大卫·林奇 (David Lynch)、王家卫等——抓住了这一机遇，都曾在法国工作。法国国家电影中心的统计还表明，2007 年法国共制作了 228 部电影，欧洲没有任何一个国家能达到这个数字。另外，法国共拥有 5300 块大银幕，位居欧洲第一，世界第四，仅次于中国、美国和印度。

但与美国和印度不同的是，法国以国家扶持和电影配额的方式保护国产电影。因此，法国电影总是局限于小制作喜剧片，以及开发针对国内市场、题材同样微不足道的影片。这一切无法抵御好莱坞电影的强力冲击。尽管法国导演一直努力进军国外市场，但在过去30年间，唯一一部在美国获得巨大商业成功的电影是2007年上映的动画片《精灵鼠小弟》(*Ratatouille*)。但是抱歉，这部电影是迪斯尼出品的。

没错，2007年在美国上映的《小麻雀》(*La Môme*)〔本片针对英语市场改名为《玫瑰人生》(*La Vie en rose*)〕狂揽1000万美元票房，成为外语片冠军，主演玛丽昂·歌迪亚（Marion Cotillard）凭此片获得了奥斯卡最佳女演员奖。但这个成功只是相对的。同是2007年，美国最卖座的100部影片的最后一名票房收入都比《小麻雀》高两倍。总体来说，法国电影在国外并不成功。仅有五分之一的影片在美国发行，三分之一在德国发行。互联网电影资料库网站总结的史上最卖座的世界电影名单中，只有一部法国电影，就是《第五元素》(*Cinquième Élément*)，它排在第207位，票房是2.63亿美元。还是在这个网站上，美国各个时期票房收入最高的250部电影名单中，没有一部法国电影上榜。此外，根据《综艺》(*Variety*)杂志的统计，现实每况愈下：2007年，法国电影在国外拥有5700万观众，比上一年减少了9%，比2005年减少了32%。

还有一个现象也令法国人感到恼火：他们的电影虽然让美国人折服，但是以翻拍的形式。于是《跳河的人》(*Boudu sauvé des eaux*)翻拍为《贝弗利山奇遇记》(*Clochard de Beverly Hills*)，《金发大个子》(*Le Grand Blond*)翻拍为《穿一只红鞋的男人》(*Man with the Red Shoe*)，《三个男人一个摇篮》(*Trois Hommes et un couffin*)翻拍为《三个奶爸一个娃》(*Three Men and a Baby*)，《生活在继续》(*La Vie continue*)翻拍为《男人止步》(*Men Don't Leave*)，《一笼傻鸟》(*La Cage aux folles*)翻拍

第一部分　法国文化还剩下什么？

为《鸟笼》(The Birdcage)，《非常公寓》(L'Appartement) 翻拍为《谜情公寓》(Wicker Park) ……并且每次翻拍都会启用新的导演、新的编剧和新的演员。尽管这种翻拍也会自西向东由大西洋彼岸传到此岸——例如雅克·欧迪亚（Jacques Audiard）2004年执导的《我心遗忘的节奏》(De battre mon cœur s'est arrêté) 翻拍自詹姆斯·托拜克（James Toback）1978年执导的《手指》(Fingers)——，但相反方向的传播更为频繁。全世界——包括世界的组成部分，英语国家——都热爱法国电影，但这些电影不是以法国的风格呈现的。因此我们很难理解法国电影史的奇迹之作《欢迎来北方》(Bienvenue chez les les Ch'tis) 居然不是以翻拍的形式吸引外国观众，因为这部电影无论本土化的题材还是夸张的表现手法都极具法国特色。但类似情况已经发生过了，就是上一个打破票房纪录的法国影片《虎口脱险》(La Grande Vadrouille)。

在法国，人们对待第七艺术的态度是非常严肃的。按照人口比例来看，没有一个国家能像法国一样拥有如此之多的影评人、电影杂志以及与电影相关的大学课程。但问题在于电影的品质，或者说，在于对品质的认识。与小说的问题类似，太多的法国电影以其精神层面的关注和情节的缺位著称，电影优先描述的是人与人之间的关系，很少涉及社会问题和政治问题。苏菲·玛索曾经用一句话概括法国电影的平庸之作："安妮和丹尼尔上床了，纪尧姆和克洛德上床了，丹尼尔又和克洛德上床了，然后他们四个人在餐馆一起聊这件事。"[1] 甚至连业内权威杂志《电影手册》(Cahiers du cinéma) 都如此总结2004年的电影作品："2004年几部重要的电影作品与现实的关系非常松弛，几

---

[1] 查尔斯·布伦纳（Charles Bremner），"美丽而无聊的法国电影"（« France's beautiful boring movies »），《泰晤士报》，2005年11月18日。

第六章

乎没有哪部影片在诊断'当下'……今年有几部作品看上去在抨击现实，尤其采用了纪实纪录片的形式拍摄。2004年也是迈克尔·摩尔（Michael Moore）年［《华氏"9·11"》（Fahrenheit 9/11）］，尽管我们完全不愿承认这一点。最让我们感兴趣的是那些建立更为完整关系的电影，包括与现实的关系。"[1]

还是成见害人。近年来法国导演开始努力拍摄更平易近人、更吸引外国观众和看好莱坞电影长大的年轻观众的电影。《天使爱美丽》（Le Fabuleux Destin d'Amélie Poulain）（2001年）、《放牛班的春天》（Les Choristes）（2004年）和《漫长的婚约》（Un Long dimanche de fiançailles）（2004年）都获得了商业成功，但并没有得到影评界的认同。对这些电影的批评如出一辙：完全在意料之中的情节转折、用过度的煽情摆布观众、对技术的过度追求牺牲了内容。也就是说，都是一些法国影评界用来批评好莱坞电影的语句。

法国不必效仿好莱坞，按照几部最近比较成功的美国影片《老无所依》（No Country for Old Men）、《决战犹马镇》（3 h 10 pour Yuma）和《查理·威尔逊的战争》（La Guerre selon Charlie Wilson）的制作模式，也能拍摄拍出叫好又叫座的小成本电影。法国电影应该以《小麻雀》为榜样，成本不高，像过去的法国电影杰作一样拥有打动人的力量和朴实无华的叙事。危险在于，20世纪50年代的法国有点顾影自怜，就像一个老姑娘为了显年轻涂了太多粉底一样。

如果有哪个领域是法国可以给全世界上一课的，那一定是纪录片。有两部纪录片获得了票房成功：尼古拉·菲利伯特（Nicolas Philibert）

---

[1] 弗朗索瓦·贝格多（François Bégaudeau），埃曼纽尔·布尔多（Emmanuel Burdeau），斯蒂芬妮·德罗姆（Stéphane Delorme），让-米歇尔·傅东（Jean-Michel Frodon），让-皮埃尔·雷姆（Jean-Pierre Rehm），"2004年Top10"，《电影手册》，2005年2月刊。

第一部分　法国文化还剩下什么？

的《是和有》(Être et Avoir) 和吕克·雅克（Luc Jacquet）的《帝企鹅日记》(La Marche de l'empereur) ——后者的成功无疑很大一部分归功于没有对白，因此也没有字幕和配音。纪录片处理的是现实世界，而不是虚构人物毫无意义的困境。这样说来，上一届戛纳电影节《课堂风云》(Entre les murs) 斩获金棕榈奖的事实证明，法国在纪实风格的影片拍摄方面极为出色，也证明法国电影在题材上有所突破。尽管劳伦·冈泰（Laurent Cantet）的作品在风格和拍摄上算是一部虚构片，但影片在各个方面都力求贴近现实（业余"演员"、单一而真实的布景、镜头的运用、剧本作者取材自日常生活的剧情、现实题材……）。或许法国电影对国际性的致敬就蕴含在这部杂糅的作品当中，因为在获得金棕榈奖之前，《课堂风云》已经在43个国家进行预售了。

随着电影业的国际化趋势——几个国家共同出资，好莱坞专业人士的频繁参与——，现在已经越来越难说清一个电影属于哪个国家了。之前提到过的电影《钢琴家》就是其中一个例子。法国在保护国产电影的同时，与这种全球化形式保持相当的距离。但法国不可能永远保持这种特殊性。类似于《哈利·波特》系列电影这样的大成本巨制同时在数百家影院上映，对于那些影评人和影迷交口称赞的法国小成本佳作来说，排片空间相当有限。对这些电影作品还要加大资助力度吗？还是让导演们在这个更具竞争性的新环境里证明自己的才能、适者生存呢？

一些导演已经开始参与竞争了。塞德里克·克拉皮斯（Cédric Klapisch）2003年执导的《西班牙公寓》(L'Auberge Espagnole)、马修·卡索维茨（Matthieu Kassovitz）执导的《暗流》(Les Rivières poupres) 及续集、借鉴香港动作片风格的《出租车》(Taxi) 系列，还有最近的《奥运会上的阿斯特里克斯》(Astérix aux Jeux olympiques)，从一开始就以国际市场为目标，受到大众的欢迎。但一直对商业片有所保留的影评界并不欢迎它们。有一次吕克·贝松和记者们一起喝酒，我也在现场，他说："法国有一个问题，就是我们拒绝承认电影是一个工业、电影也是可以有娱乐性的。"如果法国本土电影工业无法拍出让世界观众喜爱的作品，它只能等待一个漫长的婚约了。

第七章

法国的戏剧同电影、文学一样，历史悠久，人才辈出：前有高乃依（Corneille）、莫里哀（Molière）和拉辛（Racine），后有季洛杜（Giraudoux）、贝克特（Beckett）、热内（Genet）、阿努伊（Anouilh）、尤内斯库（Ionesco）和科尔泰斯（Koltès），以及更近代的丹尼斯·博纳尔（Denise Bonal）、米歇尔·维纳威（Michel Vinaver）、雅丝米娜·雷扎（Yasmina Reza）。但除了少量的私立剧院——巴黎有155家，里昂仅有一家——，戏剧主要是一种国家行为。法国以行政力量扶持了5家国立剧院，39家戏剧中心，69个国家演出，77个国家协议资助演出和全国600家剧团。据估计，这八百余家公共部门从属机构在2004年至2005年演出季共接待了380万付费观众，即平均每个机构每个月接待396名观众。但这个结果跟私立剧院公布的数据一比较，就不那么漂亮了：私立剧院同期共接待了330万名观众，即每个剧院的月平均接待人数为6000人。

活跃的舞台艺术在世界大部分国家都被认为是文化遗产的一个重要因素，法国也不例外，并以其扶持政策展现了这一点。不过，这里就要提出一个问题了：这样的扶持有效果吗？法国文化部于2007年宣称，有意对受资助剧院的接待人数进行更为精确的评估，并声称将在拨款方面执行更为严格的标准。文化部还有另一个担忧：法国戏剧作

第一部分　法国文化还剩下什么？

品在国外的名声够响吗？

任何调查都会对这个问题给出否定的答案。除了一些经典的、一直以翻译版本演出的轮演剧目，法国戏剧在国外并不成功。在过去 40 年间，仅有一部原创剧本获得托尼奖——美国戏剧领域最重量级的奖项，即雅丝米娜·雷扎的剧本《艺术》(*Art*)，获得了 1994 年当年的最佳戏剧奖。纽约戏剧评论圈奖创立 70 年以来每年颁发的奖项，没有一部法国作品获奖，反而是英国人克里斯托弗·汉普顿（Christopher Hampton）改编的《危险关系》(*Liaisons dangereuses*) 获得了 1986 年至 1987 年的最佳外语戏剧奖。由英国颁发的伦敦晚间标准戏剧奖创办 52 年以来，共有三部法国当代作品荣获最佳戏剧奖：让·阿努伊的两部作品《贝克特》(*Becket*) 和《可怜的毕多》(*Pauvre Bitos*)，以及让·季洛杜的《特洛伊战争不会爆发》(*La guerre de Troie n'aura pas lieu*)。还是英国，劳伦斯·奥利弗奖颁发的最佳戏剧奖，没有一部法国戏剧作品获奖，不过我们还是注意到，阿兰·鲍勃利（Alain Boublil）和克劳德-米歇尔·勋伯格（Claude-Michel Schönberg）的作品《马丁·盖尔归来》(*Le Retour de Martin Guerre*) 获得了 1997 年度最佳音乐剧奖。

语言是一个障碍，但法国戏剧作品本身的特性也是一个障碍。同遭遇了新小说荼毒的小说创作一样，戏剧创作在"二战"——这段时期是以尤内斯库、贝克特和萨特的作品以及荒诞戏剧为代表的——结束后也走上了抽象化的不归路。今天有大量法国戏剧——尤其是那些拿了国家戏剧资助的作品——都是带有幽闭性的智识主义（intellectualisme）作品，基本不是为了输出国外而创作的。

仅举一个特例难免有失偏颇，不过我还是要接着讨论一个没有国家财政资助就无法问世的戏剧作品。里昂的表演工坊剧场是一家国家协议资助剧院，它制作了一部戏剧是电影《母亲与娼妓》(*La Maman et*

第七章

la Putain）的浓缩版，这部条理不清的电影是导演让·厄斯塔什（Jean Eustache）于1973年拍摄的，长达3小时40分钟。剧院给出的故事梗概令人大开眼界："无所事事的青年亚历山大在拉丁区一家咖啡馆看书消磨时间。他和女友玛丽生活在一起，在马上和女友结婚的当口，他还在试图挽留旧爱吉尔伯特，这时他遇到了放荡不羁的年轻护士维罗妮卡。"这让人不由得想到最近的法国小说和电影的情节。我非常怀疑百老汇或者西区会把这种作品拿来搬上舞台。

不过法国戏剧并没有死。以阿维尼翁戏剧节为模式的各种戏剧节遍地开花。法国二台在直播巴黎游艺剧院2007年的成功之作《离家出走的女人们》(*Fugueuses*) 收获的超高收视率，无疑为戏剧演出开辟了电视转播的新道路。这部由皮埃尔·帕尔马德（Pierre Palmade）和克里斯多夫·杜德龙（Christophe Duthuron）编剧、丽娜·雷诺（Line Renaud）和穆里尔·罗宾（Muriel Robin）共同出演的作品，共吸引了800万电视观众收看，打破了戏剧演出电视直播的历史纪录。这次直播之后，法国二台又播出了其他戏剧作品，但有所保留：合理缩短了演出时长，改变了原本有限的舞台布景，将明星演员放在海报上进行宣传。法国国家电视台总导演帕特里斯·杜阿梅尔（Patrice Duhamel）强调说："我们显然不会夸张到播放20小时50分钟长的《缎子鞋》(*Le Soulier de satin*)。"《缎子鞋》是保罗·克洛岱尔（Paul Claudel）1943年创作的一部极长、极艰涩的剧本。

可惜，法国创作了太多的《缎子鞋》、太少的《离家出走的女人们》。除了马克·卡莫莱蒂（Marc Camoletti）1965年执导的才华横溢之作《波音波音》(*Boeing Boeing*)——这部作品的翻拍版于今年春天在纽约演出季大放异彩，并于6月份荣获托尼奖的最佳复刻奖——，法国戏剧作品最近在国际上获得的成功仅限于克劳德-米歇尔·勋伯

第一部分　法国文化还剩下什么？

格和阿兰·鲍勃利的音乐剧《悲惨世界》(Les Misérables) 和《西贡小姐》(Miss Saigon)，这两部作品均创作于20世纪80年代。不过，将法国的轮演剧目引介到国外舞台从来不是一件易事。《纽约时报》写道："戏剧作品不再是一个简简单单、关节涂好润滑油的提线木偶，每个国家只需稍微修改一两处加上点本土特色就行了。法国作家把木偶的提线整理得井井有条、从自己手上转交到改编者手上、后者只要重新整理一两根线的做法，从此已经是属于过去孩提时代的游戏了。"这个恰如其分的评论发表于1886年。

第八章

法国长久以来一直是世界艺术中心。在 19 世纪以及 20 世纪的大部分时期，这个国家诞生或引领了野兽派、印象派、超现实派、立体派以及诸多重要的艺术运动。还有哪个国家能在这个时期拥有如此杰出的艺术家呢？想想看这些名字吧，大卫（David）、安格尔（Ingres）、席里科（Géricault）、德拉克洛瓦（Delacroix）、库尔贝（Courbet）、马奈（Manet）、德加（Degas）、塞尚（Cézanne）、莫奈（Monet）、罗丹（Rodin）、雷诺阿（Renoir）、高更（Gauguin）、修拉（Seurat）、图卢兹-劳特累克（Toulouse-Lautrec）、马蒂斯（Matisse）、莱热（Léger）、毕加索（Picasso）、布拉克（Braque）、杜尚（Duchamp）、夏加尔（Chagall）、斯塔尔（Staël）、克莱因（Klein）……

在法国的今天，艺术仍是一项严肃事务。首都巴黎的大型博物馆在数量上位于前列，同时在接待游客人数上也无可争议地名列前茅。每年有 600 万游客簇拥在卢浮宫的蒙娜丽莎肖像之前；设计一新的东京宫是当代艺术最重要的展出场所之一；而蓬皮杜中心在 20 世纪艺术领域无可替代。法国同时还拥有一众世界最著名的当代在世艺术家：路易斯·布尔乔亚（Louise Bourgeois）、皮埃尔·苏拉吉（Pierre Soulages）、丹尼尔·布伦（Daniel Buren）、安妮特·梅莎洁（Annette Messager）、克里斯蒂安·波尔坦斯基（Christian Boltanski）、皮埃尔和

第一部分 法国文化还剩下什么？

吉尔斯组合（Pierre et Gilles）、罗伯特·孔巴斯（Robert Combas）、皮埃尔·于热（Pierre Huyghe）、菲利普·帕雷诺（Philippe Parreno）、阿德尔·阿贝德赛梅（Adel Abdessemed）。

但法国作为世界艺术中心的时代已成为过去。这并不是说法国艺术家创作不出引人关注的精彩作品。2007 年的威尼斯双年展上，索菲·卡尔（Sophie Calle）为法国展区设计的装置艺术"自己保重"成为当时最轰动的作品之一。但是现在的普遍情况是，世界的目光移向了别处。巴黎失去了 19 世纪中期和 20 世纪拥有的地位，在这之后一切都转到了伦敦、纽约和柏林。巴黎画廊家、艺术策展人克里斯多夫·博伊克斯认为："当今世界，美国才是对艺术有话语权的国家。当代艺术会在经济最活跃的地方能茁壮生长。20 世纪 90 年代之后是伦敦，后来逐渐转移到柏林。"

正如我们所想的那样，衡量一个艺术家的影响力并非易事。德国经济类杂志《资本》（Capital）采用一种比较可信赖的、至少被普遍认可的分析工具，对国际艺术市场进行了深度考察。《资本》杂志每年都会公布一份《艺术指南》（Kunst Kompass），即全世界 100 名最有影响力的艺术家名单，这份名单是运用一个采纳多项标准的公式计算出来的，例如被主要艺术出版物提到的次数、作品被列为重要藏品的数量，以及参与大型国际展览的次数。2007 年，德国有 36 人上榜，美国 26 人，英国 11 名。幸好，法国还有 4 人上榜（克里斯蒂安·波尔坦斯基、丹尼尔·布伦、索菲·卡尔和皮埃尔·于热），但排名前十的艺术家当中，没有一个法国人，但有 4 名德国人和 4 名美国人。

此外，法国活跃艺术家的作品在收藏圈的交易价格也远低于其国

第八章

外同行。根据艺术价格（Artprice）*公布的研究结果，2007年国际当代艺术展（Fiac）期间，英国艺术家达米恩·赫斯特（Damien Hirst）的《摇篮曲春》(*Lullaby Spring*) 在1945年后出生的艺术家作品中拍卖价格排名第一，高达1700万美元（即1100万欧元左右），创造了世界纪录。艺术价格根据拍卖市场交易行情排名的500位艺术家当中，法国艺术家排名第一的是罗伯特·孔巴斯，每件作品售价为7400欧元，仅排在第108名。法国艺术家里排名第二的贝尔纳·弗里茨（Bernard Frize）在总榜中排在第238名，索菲·卡尔排在第302名。法国艺术家即使在本国也难以作出令人尊敬的事情。2007年，丹尼尔·布伦威胁要毁掉"布伦柱"——这是布伦设计的用来装饰巴黎皇宫的柱子装置，他认为这是"自己世界最著名的作品"——，原因是政府没有拨款维护他的作品。

巴黎过去在国际艺术市场的地位首屈一指。巴黎的画廊家和艺术交易场所总是把最好的作品、最大的利润留给自己。1950年，巴黎首席拍卖行艾提安·阿戴尔（Étienne Ader）实现的交易额仍比其伦敦竞争者佳士得和苏富比加起来还高两倍。阿戴尔与巴黎同行都获益于偏向本国的交易规则和课税体系，这两个因素在几个世纪当中保护了法国市场不受外国竞争的影响。随后，艺术市场逐步国际化，这种保护主义措施最终妨害了法国市场从业者提高资本和参与国际竞争的努力。结果，1998年法国艺术交易场所的交易额为10亿美元，而美国的交易额为42亿美元，英国为24亿美元。

迫于欧洲竞争主管机关的压力，法国于2000年着手开放市场。但

---

* Artprice是一家在全球范围内统计和追踪艺术品价格及销售数据的法国公司。——译者注

第一部分　法国文化还剩下什么？

面对美国和英国已经确立的市场地位，为时已晚。根据社会学家、马恩-拉瓦莱大学教授阿兰·格曼（Alain Quemin）的估算，法国艺术交易场所如今只占当代艺术公开交易总额的8%，而美国占50%，英国占30%。如果按照艺术价格给出的数据，总体情况更糟，法国各个时期加起来只占交易总额的6.6%。佳士得是目前全世界排名第一的拍卖行，尽管它于1998年被法国亿万富翁弗朗索瓦·皮诺特（François Pinault）收购，但坐标仍位于伦敦（苏富比已经上市，坐标地点为美国）。

根据各项研究测算，法国目前在艺术市场排名第三的位置将很快被中国取代。法国艺术市场的衰退在当代艺术领域尤为明显。去年，当代艺术——极大体现文化活跃度的指标——仅占法国拍卖额的2.8%，而国际范围这个数据为9.9%。Artprice在2007年的年度报告中总结道："法国公开交易市场已经僵化，它在原始摄影、19世纪绘画和装饰艺术这三个类别中节节败退。"

同样地，巴黎在19世纪具有的国际性大型艺术展览之都的地位已不复当初——那时是国际展览和落选者沙龙改变艺术史。如今，法国举办的最著名的国际当代艺术展失去了影响力，甚至参展国家也越来越少，逐渐被其他展览取代，比如瑞士的巴塞尔艺术展、佛罗里达的迈阿密海滩巴塞尔艺术展、德国的卡塞尔文献展，以及伦敦后来创办的弗里兹艺术展。尽管法国博物馆的声名未变，但国家的威望已经动摇了。2006年，弗朗索瓦·皮诺特本来计划在布洛涅-比昂古的赛甘岛修建一家专门存放其当代艺术藏品的博物馆，但被政府效率低下的行政手续搞得信心全无，于是放弃了这个计划，将选址改在了威尼斯。各大收藏家纷纷抛弃本国转向邻国，或许显示出法国不再以必要的严肃态度对待艺术。

第九章

有一种艺术表现形式可以说是法国对全世界的馈赠。1826年，科学爱好者尼瑟福·尼埃普斯（Nicéphore Niepce）将涂有天然沥青的锡纸板插入一个装有光学镜片的暗盒。他在位于索恩河畔沙隆的工作室拍摄出来的图像，被认为是历史上第一张摄影作品："圣卢普-瓦雷纳，格拉斯的窗前景色"。[1] 第二年，尼埃普斯开始与画家、巴黎剧院布景师雅克·达盖尔（Jacques Daguerre）通信。在这项合作取得成果之前，尼埃普斯可能就去世了。1837年，达盖尔研制出一个能将图像固定在感光板上的简易而稳定的方法，并公之于世。他将这个方法的专利转让给法国政府，后者又将其公开，供世界其他国家自由使用，此后摄影成为一种新的艺术表现形式。

达盖尔银版法和之后相继发明的技术令摄影术风靡世界，而法国，就处于这个潮流的中心。爱德华·德尼·巴尔杜斯（Édouard-Denis Baldus）、纳达尔（Nadar）、马克西姆·杜坎（Maxime Du Camp）、奥古斯特·萨尔兹曼（Auguste Salzmann）、菲利克斯·邦菲勒（Félix Bonfils）、尤金·阿杰（Eugène Atget）在一个多世纪当中确立了摄影

---

[1] 可惜的是，底片不在法国。尼埃普斯为了让皇家协会对自己的发明感兴趣，带着这张摄影作品去了伦敦。之后底片下落不明，直到1952年，摄影史研究者海尔穆特·格恩斯海姆买下这张底片，并将其捐赠给得克萨斯大学。目前底片仍保存在那里。

第一部分　法国文化还剩下什么？

的艺术规则。这种新的艺术形式影响了卡米耶·柯罗（Camille Corot）和让-弗朗索瓦·米勒（Jean-François Millet）的创作，帮助他们以摄影作品为基础更好地描绘风景；德加（Degas）本人也醉心于摄影；曼雷（Man Ray）和其他超现实主义者尤其欣赏阿杰拍摄的巴黎街景及其创作理念。艾蒂安·朱尔·马雷（Étienne-Jules Marey）发明的连续摄影法（la chronophotographie）解构了动物和人体的运动，成为致力于描绘速度的意大利未来主义的灵感来源。摄影与绘画之间的影响是相互的，古斯塔夫·勒·格雷（Gustave Le Gray）与亨利·勒·塞克（Henri Le Secq）在他们的风景摄影中重塑了米勒和巴比松画派油画作品中的气氛。法国摄影师早期对裸体的关注无疑滋养了情色明信片产业，但也成为一种艺术形式，影响了一代代画家。

20世纪20年代，法国在摄影领域已经声名大噪。2009年，巴黎叙利公馆举办了名为"巴黎，1920年至1940年的摄影之都"的摄影展，策展人在网球场现代美术馆协会网站的介绍中这样写道："自20世纪20年代起，巴黎即确立了其先锋艺术新阵地的地位，无疑也成为欧洲新摄影艺术的中心。巴黎在当时之所以成为国籍不同、见解不同的摄影师交流碰撞的城市，是由于代表了一种现代性的模式和"一战"后经济复苏的期望。另一原因是，在众多被迫流亡的移民艺术家心目中，巴黎乃政治自由与信仰自由的避难之地。"这些移民艺术家当中，包括德国人伊尔塞·宾（Ilse Bing）、匈牙利人布拉塞（Brassaï）和立陶宛人莫伊·范尔（Moï Ver）。

20世纪中期，法国仍统领摄影界，尤其是在当时还算一种新鲜事物的新闻摄影方面。新闻摄影注重即时性和叙事性，安德烈·科特兹（André Kertész）、亨利·卡蒂埃-布列松（Henri Cartier-Bresson）、爱德华·布巴（Édouard Boubat）等摄影大师均以其见长。"二战"结束后，布列松与人共同创办了玛格南图片社，让摄影师拥有自己作品的版权，在当时作品的版权还属于发表作品的杂志社。之后有一批图片社相继在巴黎成立，诸如拉佛图片社（Rapho）、伽玛图片社（Gamma）、西格玛图片社（Sygma）、西帕图片社（Sipa）、维尤图片社（Vu）……巴黎的新闻摄影之都的地位也伴随了大型新闻杂志的繁荣，比如《生活》(*Life*)和《巴黎竞赛报》。不过，法国真正在摄影界树立地位还是通过1969年创立的阿尔勒国际摄影节，以及1989年开展的佩皮尼昂维萨摄影节，还有1997年启动的巴黎摄影博览会。

近年来，法国摄影的黄金时代——或者应当称之为白银时代——已成过去。新闻杂志社处境艰难，巴黎大部分大型图片社得不到美国公司的收购而倒闭。机构的纷纷倒闭和远程操作技术出现，让大型媒体公司认为不必非要在巴黎建一个图片办公室。2001年，我就不得不咬着牙砍掉《时代周刊》设在巴黎的摄影部。

摄影界在同一时期也发生了演变。20世纪50年代，瑞士摄影师罗伯特·弗兰克（Robert Frank）的作品重新引发了人们对街头摄影的兴趣。戴安·阿勃丝（Diane Arbus）、加里·维诺格兰德（Garry Winogrand）、埃德·拉斯查（Ed Ruscha）、乔尔·迈耶罗维茨（Joel Meyerowitz）等美国摄影师开始捕捉都市喧闹的街道，这看似是五十年前阿杰在巴黎玩剩下的，其实志趣完全不同，场景挪到了另一个现实更严酷的神秘之城。此外，美国摄影师开始探索色彩带来的诸多可能，而彩色摄影一直被业内视为末流，是属于业余摄影师的行当。如今最受瞩目的摄影师——杰夫·沃尔（Jeff Wall）、马丁·帕尔（Martin Parr）、安德烈亚斯·古尔斯基（Andreas Gursky）——基本都在做彩色摄影，除了生活在美国的英国摄影师马丁·帕尔。2005年，《美国

第一部分　法国文化还剩下什么？

摄影杂志》(*American Photo*) 评选出业界一百位最重要的摄影师，亚利桑德拉·布拉特（Alexandra Boulat）是榜上唯一一名居住在法国的法国摄影师，他于 2007 年逝世。其余上榜的三名法国摄影师——时尚摄影师帕特里克·德马舍利（Patrick Demarchelier）、新闻摄影师耶吉尔·波赫（Gilles Peress）和修图师帕斯卡尔·丹金（Pascal Dangin）——已移居美国多年。

艺术摄影的国际市场在逐步扩大，据艺术价格统计，1990 年至 2007 年摄影作品的公开交易价格增长了 70%，而雕塑作品的价格增长为 43%，绘画作品为 15%。摄影市场与其他市场一样，其重点已转移到纽约和伦敦，这两个城市的交易比重分别为 65% 和 19%，巴黎仅为 9%。一幅美国摄影师作品的拍卖价格平均比法国摄影师的作品高七倍。法国诚然拥有大批杰出的摄影师，例如卡洛斯·福瑞尔（Carlos Freire）、斯蒂芬·库蒂利埃（Stéphane Couturier）、瓦莱里·贝兰（Valérie Belin）、菲利普·葛罗农（Philippe Gronon）和马提亚斯·奥勒麦塔（Matthias Olmeta），但他们仅在国内比较知名。还是交易价格的问题，他们很难超越德国摄影师安德烈亚斯·古尔斯基，2006 年，古尔斯基的作品《99 美分 II》(*99 Cent II*) 打破了业内纪录，以 227 万欧元的拍卖价格成交。他们的作品售价也竞争不过杰夫·沃尔、理查德·普林斯（Richard Prince）或辛蒂·雪曼（Cindy Sherman）等美国摄影师。

法国对摄影爱恨交织，毕竟其一部分同艺术与商业、新闻与技术联系在一起。与绘画、音乐、小说或舞蹈不同，摄影并非自主地迸发于根本的——和古老的——表达需求。摄影在工业革命期间由业余发明家创造而来，仍带有浓重的商业性和技术性。而且如今摄影拥有大量修图技术，但凡手巧之人都能做出一个不错的作品。摄影本质上具备的民主性

第九章

以及作品常常带有的偶然性，都令评论家和精英主义鉴赏家无所适从，在他们看来，艺术最应当与天赋相关。波德莱尔（Baudelaire）在《1859年的沙龙》(*Le Salon de 1859*)中谈到摄影，他痛心地说道："当代的自负，即使大叫一声，将鼓胀的胃中翻腾的气体打个嗝儿排出，吐出最近哲学把胃塞满的所有未消化的诡辩，那也无济于事，这门工业通过入侵艺术的领土，显然已经成为艺术最不共戴天的敌人，并且功能混合在一起，导致无一功能可以良好运转。"美国评论家苏西·林菲尔德（Susie Linfield）简单干脆地总结了这种两难："在这个充斥着公平主义的领域，难道我们不害怕哪怕一丝差别性将要消失吗？谁会欣赏一个这么多人都能做出不错成果的活动，尤其是一种艺术活动呢？摄影艺术的民主期望总是包含着一种民众主义威胁。"[1]

法国如今在摄影方面已经成为固守辉煌历史的外围国家。众多享有盛名的法国博物馆举办形形色色的回顾展，陶醉于昔日光辉，法国拍卖行专门出售模糊褪色、年代久远的文物。属于法国自己的杰夫·沃尔、理查德·普林斯、辛蒂·雪曼和安德烈亚斯·古尔斯基们在哪里？纽约的摄影界，可是人才济济。生活和工作在法国的年轻摄影师一旦被低估，很可能落得默默无闻的下场。

著名的争议时尚摄影师赫尔穆特·纽顿（Helmut Newton）在巴黎生活了20年，有大量作品诞生在法国，之后他移居摩纳哥，又在那里进行创作。提到对自己产生过影响的作品，纽顿认为是布拉塞的《夜巴黎》(*Paris la nuit*)。2004年，在离世前不久，纽顿提出向法国捐赠自己的50幅摄影作品。法国政府显然无力与最富有的摄影收藏家竞争（纽顿的摄影底片卖价极高），所以这份礼物尤为珍贵，但这个提议仅

---

[1] 苏西·林菲尔德，"不可信的媒介"（«The treacherous medium»），《波士顿评论》，2006年9-10月刊。

第一部分 法国文化还剩下什么？

得到礼貌的冷漠回应，让纽顿颇为不满。他建议将自己的作品展出在同年开放的网球场现代美术馆，又遭到文化部拒绝，于是纽顿收回提议，将摄影作品和档案收藏捐赠给自己出生的城市柏林，后者相当积极地为他专门成立了一个博物馆。纽顿或许是被其商业成功和时尚摄影、裸体摄影的专业所累——这被视为低俗作品——，他曾对《世界报》的记者这样说："法国博物馆和当代艺术瞧不起我。"波德莱尔会很高兴，但法国该犯愁了。

第十章

倒是有一门艺术没有衰落，就是建筑。自 12 世纪兴起的哥特式建筑，历经 19 世纪美术风格（Beaux-Arts）的鼎盛，再到勒·柯布西埃（Le Corbusier），法国在建筑领域一直独领风骚。法国最著名的建筑师有弗朗索瓦·芒萨尔（François Mansart）、路易·勒沃（Louis Le Vau）、沃邦（Vauban）、儒勒·阿杜安-芒萨尔（Jules Hardouin-Mansart）、克洛德·尼古拉·勒杜（Claude Nicolas Ledoux）、维克多·巴勒塔（Victor Baltard）、查尔斯·加尼叶（Charles Garnier）、赫克多·吉玛尔（Hector Guimard）、罗伯特·马莱-斯蒂文斯（Robert Mallet-Stevens）等，其他十余位不一一列举。法国今天仍不乏优秀的建筑师，比如设计蒙特利尔奥林匹克体育场的罗杰·塔利伯特（Roger Tailli-bert），设计中国国家大剧院的保罗·安德鲁（Paul Andreu），设计纽约蓝色大厦的伯纳德·屈米（Bernard Tschumi），设计巴黎音乐城的克里斯蒂安·德·包赞巴克（Christian de Portzamparc）——他是首位获得普利兹克奖（Pritzker）* 的法国建筑设计师，得到 10 万美元奖金——，以及为巴黎设计出阿拉伯世界研究中心和盖布朗利博物馆的让·努维尔（Jean Nouvel），他于 2008 年也获得了普利兹克奖。当然

---

* 普利兹克奖是每年一次颁给建筑师个人的奖项，有建筑界的诺贝尔奖之称。——译者注

第一部分　法国文化还剩下什么？

还有年轻的设计二人组安妮·拉卡顿（Anne Lacaton）和让-菲利普·瓦萨勒（Jean-Philippe Vassal），以及擅长室内建筑和设计的让-米歇尔·威尔莫特（Jean-Michel Wilmotte）。

　　国家领导人总是力图通过大兴土木的政策名留史册，法国建筑设计师一直受益于此。弗朗索瓦·密特朗（François Mitterrand）修建了国家图书馆、巴士底歌剧院和大卢浮宫，雅克·希拉克（Jacques Chirac）修建了盖布朗利博物馆。但这种大修大建对于增强城市活力或者改善城市环境并没有起到太大作用。有一个例子可以证明：巴黎中央市场和19世纪巴勒塔设计的钢铁雨棚被拆除，这个陷进巨大地坑里的商业中心在雅克·希拉克任巴黎市长期间成为一个毒品交易集散点。为了摆脱这种人人诟病的形象，巴黎于2004年组织了一次设计竞标。四个设计方案进入终选阶段，其中两个由荷兰设计师雷姆·库哈斯（Rem Koolhaas）和韦尼·马斯（Winy Maas）提出，另外两个由法国设计师让·努维尔和大卫·曼金（David Mangin）提出。巴黎市民投票选出他们最喜欢的方案。最后，巴黎政府在四个方案中选中了最没想象力、最让人失望的那一个，就是大卫·曼金的方案。2008年，巴黎市镇选举接近尾声——当时的巴黎市长贝特朗·德拉诺埃（Bertrand Delanoë）曾为巴黎市郊建造高层建筑的计划发起过论证——，评委会解释说之所以选择保守，是因为曼金的方案只用于城市改造的主体部分。新一轮针对商业中心本身的改造方案竞标又开始了。由帕特里克·贝尔热（Patrick Berger）和雅克·安齐乌蒂（Jacques Anziutti）领导的另一个法国团队中标，他们提出修建一个浅黄色、半透明的顶棚，但公众对这个方案也没有多大热情。对于大型建筑工程，法国政府一直遵循两个原则：偏向本土设计师，并且方案越来越缺乏创意。为了实现更为大胆的设计方案，法国设计师们选择出走他乡，比如让·努

第十章

维尔,他肯定不可能在巴黎设计出阿格巴塔。这,也算是一种衰落吧……

让·努维尔或克里斯蒂安·德·包赞巴克的创新性毋庸置疑,但是他们二人代表了一种现象,即大牌设计师的涌现——比如弗兰克·盖里(Frank Gehry)、理查德·罗杰斯(Richard Rogers)、诺曼·福斯特(Norman Foster)、伦佐·皮亚诺(Renzo Piano)、安藤忠雄(Tadao Ando)以及扎哈·哈迪德(Zaha Hadid)——,这种现象最终未必对建筑艺术或者法国有益。大牌设计师人脉资源广、个人风格出众,霸占了全世界建筑设计的方案竞标。即使有很多建筑设计师才能同样出众、只是没有那么标新立异,即使有数名评论家认为出自名家手笔的建筑创新有余、实用不足,情况也并没有多少改善。威廉姆斯学院教授迈克尔·J. 里维斯(Michael J. Lewis)在文章中写道:"'明星建筑师'的作品,设计未必不好,细节未必草率,但工程的实际操作和细节处理往往委托给一些合作工作室来做,尤其是在知名设计师手里占有很大比例的国外项目。这种合作模式也解释了他们为何能同时管理全世界这么多项目,每个建筑都带有一丝设计师的'风格'。这种工作模式也是项目出现拖延和意外状况的原因,那些最活跃的工作室也会遭受意外事故的打击,产生恶劣的影响。"[1]

我们对多米尼克·佩罗(Dominique Perrault)设计的国家图书馆的遭遇还记忆犹新,这座建筑在1998年开放前后均出现一系列技术问题。厄运也降临在卡洛斯·奥特(Carlos Ott)设计的巴士底歌剧院身上,这座建筑的外墙如今正在整修,此时距离剧院开放仅20年光景。另一事故是保罗·安德鲁设计的戴高乐机场2E航站楼顶棚坍塌,事故

---

[1] 迈克尔·J. 里维斯,"明星建筑师的涌现"(《The rise of the "starchitect"》),《新标准》(*The New Criterion*),2007年12月。

第一部分 法国文化还剩下什么?

调查小组给出的报告分析认为,事故发生的技术原因是建筑未按照法国公共设施现行的操作标准进行。报告并没有质疑当时作为巴黎机场设计师的保罗·安德鲁,而是怪罪到设计方案的竞标程序上,为法国建筑师提供了保护伞。

法国或许十分自豪于自己的建筑师,尤其是"明星建筑师",但它显然还没有准备好,为他们提供发挥才能的机会。

第十一章

我文中有一句话引发了格外强烈的反响:"尽管法国去年的音乐专辑和歌曲下载的销售额达到 17 亿美元,但法国歌手的知名度仅限于国内。来吧,除了约翰尼·哈里戴(Johnny Hallyday),再说出一个歌星的名字。"一大批读者列举了诸多著名音乐人物来反驳我,比如古典乐领域的作曲家、指挥家皮埃尔·布列兹(Pierre Boulez),假声男高音菲利普·雅鲁斯基(Philippe Jaroussky),钢琴家埃莱娜·格里莫(Hélène Grimaud),还有其他音乐类型的马努·乔(Manu Chao)。不过这些音乐家的经历似乎并不能反驳我的观点。当然,法国是有一些著名的音乐家,但法国音乐界的衰落已经持续了几个世纪。

19 世纪和 20 世纪,法国音乐处于顶尖水准。埃克托·柏辽兹(Hector Berlioz)、雅克·奥芬巴赫(Jacques Offenbach)、卡米耶·圣-桑(Camille Saint-Saëns)、乔治·比才(Georges Bizet)、克洛德·德彪西(Claude Debussy)、埃里克·萨蒂(Erik Satie)、莫里斯·拉威尔(Maurice Ravel)、奥立佛·梅西昂(Olivier Messiaen)等作曲家在世界名声赫赫。今天,帕斯卡尔·杜萨潘(Pascal Dusapin)、皮埃尔·布列兹(Pierre Boulez)和亨利·杜蒂耶(Henri Dutilleux)当然也很有名望,但后两位分别有 83 岁和 92 岁高龄,并且已经大大减少音乐活动。查尔斯·德内(Charles Trenet)、伊迪丝·琵雅芙

第一部分　法国文化还剩下什么？

（Édith Piaf）和乔治·布拉桑（Georges Brassens）曾让法国香颂在全世界传唱。

之后，摇滚乐诞生了。法国被英美摇滚掀起的巨浪吞没。约翰尼·哈里戴努力站上国际舞台——他在今天还在这样做——，而在20世纪80年代，可敬的法国文化部被称戏为"摇滚部"，誓要抗击英美摇滚的入侵。不过一切皆是徒劳，自50年代起，英美两国已经称霸摇滚界，法国阻挡不了"甲壳虫"乐队和滚石，也抵抗不了麦当娜和"电台司令"乐队，这些乐队或歌手已经横扫全世界各大音乐排行榜。摇滚乐评人克莱尔·奥弗里（Claire Allfree）写道："曾经，法国对西方音乐贡献巨大，但有一件事它永远搞不定，那就是摇滚。"[1]

流行音乐产业的衰退也发人深省。根据法国民意调查机构 Ifop 的调查，2007年，法国销量前十五位的音乐专辑中，有四张专辑是英语国家歌手——米卡（Mika）、艾米·怀恩豪斯（Amy Winehouse）、詹姆斯·布朗特（James Blunt）和诺拉·琼斯（Norah Jones）——的作品，以及来自德国的"东京酒店乐队"的作品。2008年6月的最后一周，销量排行榜排名前二十的专辑中，有将近三分之一是国外专辑，排名前二十的单曲中，将近一半来自英语歌手。无论在英国、美国，还是世界其他国家，没有一个法国歌手能获得这样的成绩。只有一名法国音乐人的一张专辑在2006年经国际唱片业协会认证，世界范围的销量超过百万张，就是约翰尼·哈里戴的《我的真话》（Ma vérité）。

其实，法国唯独在一种流行音乐类型上独占鳌头，就是电子乐。

---

[1] 克莱尔·奥弗里，"摇滚万岁"（« Vive le rock'n'roll »），《独立报》，2005年1月14日。

第十一章

法国电子乐结合了采样和疯克（funk），有时会掺一些说唱（更多是用英语说唱）。带有"法式风格"的法国电子乐有一些著名乐队，例如"蠢朋克"乐队、"空气"乐队、"正义"乐队，还有著名DJ，例如劳伦特·卡尼尔（Laurent Garnier）和大卫·库塔（David Guetta），你可以在全世界最时髦的夜店和酒吧里听到他们制作的电子乐。"蠢朋克"乐队的专辑《有活力的2007》（*Alive 2007*）被美国《公告牌》（*Billboard*）杂志评选为年度最佳电子乐专辑第一名，但是这张专辑的销量无法进入全类型百张最佳音乐专辑排行榜。

这种"法式风格"在法国内外获得的成功本身，解释了政府推广国产音乐产业时采取的专断政策的局限性。1994年，法国文化部长杜蓬出台了"杜蓬法案"，其中有条款规定，广播电台必须拿出40%的时间用来播放法国歌曲，并全力推广法语新歌。尽管这些举措无可争议地帮助一些乐队获得了知名度，但对于"蠢朋克"乐队、"空气"乐队等乐队的成功并无影响。事实上，这些乐队的作品当中出现的英语唱段是违背了杜蓬法案的标准的。雅克·杜蓬要不秃顶，肯定得为此愁白了头，因为情况并没有按他预期发展：法国流行乐使用英语越来越多了。音乐杂志《摇滚不朽》每年都会请读者寄一张他们的音乐作品小样——英文叫作"demo"——用来制作圣诞专辑。杂志副主编让-丹尼尔·博瓦莱介绍说，平均每年寄来的7000张小样中，有6000张是英文的。[1] 为什么？因为英语就是摇滚的语言，还因为法国音乐人梦想着征服全世界的听众。

音乐配额政策只对一种音乐来说是一个意外收获，那就是嘻哈音乐。最初，就是因为电台必须想尽办法遵守"杜蓬法案"有关音乐配

1　克莱尔·奥弗里，《摇滚万岁》，《独立报》，2005年1月14日。

第一部分 法国文化还剩下什么？

额的规定，嘻哈音乐人——Suprême NTM、IAM、"高大病体"等——才获得了知名度（多个使用法语演唱的加拿大乐队也从中获益）。法国博客网站 Skyrock 发现，电台播放的嘻哈音乐会推动听众成为这一音乐风格的专家。

法国在古典乐领域更好地维持了自己的地位，尽管命运之神更偏爱演奏而非作曲。让-伊芙·蒂博戴（Jean-Yves Thibaudet）在国际知名，既因为他演奏埃里克·萨蒂，也因为他身上穿着维维安·韦斯特伍德牌的西装。交响乐团团长和歌剧导演都非常抢手，他们可以获得的国际声誉作曲家求而不得，例外也有，比如居住在美国的十二音作曲家雅克-路易·莫诺德（Jacques-Louis Monod）、电子乐专家让-米歇尔·雅尔（Jean-Michel Jarre），还有为大量电影配乐的艾瑞克·塞拉（Éric Serra）。此外，即使在法国，古典乐的听众群如今已经变得很窄。而且一直以来巴黎连一个正经的交响音乐厅都没有，理想情况下，要等到 2012 年秋天拉维莱特正在修建中的音乐厅（由让·努维尔设计）开放，还要等到人们能够得体地观看交响乐团来巴黎的演出才行。

第十二章

法国为什么会失去它在世界上的文化优越性呢？这种衰落的原因相当复杂且众说纷纭，仅仅得出一个衰落的结论倒是容易得多。不过，既然法国人近些时间开始质疑自己的经济模式，包括经济效益和经济衰退，那么对文化模式及其衰退予以同样的质疑不是合情合理吗？对于衰退的担忧一直困扰着法国，这方面的专著并不少见，例如左拉的《我控诉》(*J'accuse*)，马克·布洛赫（Marc Bloch）的《奇怪的战败》(*L'Étrange Défaite*)，眼下还有……这本书，或许也算得上一本。近年来出版的类似专著有历史学家雅克·马赛（Jacques Marseille）撰写的《巨大的浪费》(*Le Grand Gaspillage*) 和《两个法国的战争》(*La Guerre des deux France*)（普隆出版社，2002年和2004年），还有工业经济学教授米歇尔·高代（Michel Godet）撰写的《2006年的震惊》(*Le Choc de 2006*) 和《常理的勇气》(*Le Courage du bon sens*)（奥迪勒·雅各布出版社，2002年和2006年），这两本书都是关于法国社会保障体系造成的重负，另外还有社会学家路易·肖韦尔（Louis Chauvel）撰写的《堕落中的中产阶级》(*Les Classes moyennes à la dérive*)（色伊出版社，2006年）。

这样那样的分析都集中于经济形势的紊乱，为此尼古拉·萨科齐已经推行了各项改革措施。但文化的衰退仿佛一种难言之隐，人们避

第一部分　法国文化还剩下什么？

而不谈。这个国家所经历的来自于身份危机的动荡源自何时呢？很难找到一个起始的日期。是 1940 年的战败之耻和德国占领？是 1954 年点爆舆论的阿尔及利亚起义？是 1956 年撤离苏伊士？还是 1968 年的革命骚乱？在萨科齐这种保守派眼中，从 1968 年开始，法国受到了思想更为放任主义（laxisme）的一代人的影响。1998 年的一期《玛丽雅娜》(Marianne) 就将"困扰当今社会的几大弊端"归咎于这一段历史。2007 年总统大选期间，萨科齐声称五月风暴参与者——还包括其他人——应对以下现象负责：校园纪律散漫、放任犯罪行为、言行粗野、唯利是图、个人主义盛行以及拒斥国家身份。萨科齐认为，1968 年五月风暴"带来了道德相对主义……将厚颜无耻引入社会、政治层面……降低了政治的道德水平"。他甚至把常常用来抨击右翼的言论拿来说事："看看现在人们多么拜金，多么短视，多么热爱投机，看看五月风暴的价值观让金融资本主义堕落到何等地步。"

萨科齐在此控诉之上又定性了他的"文化政策"改革计划，这个概念来自于社会学家埃德加·莫兰（Edgar Morin），不过后者对萨科齐总统赋予这个概念的内涵表示质疑。蒙田研究所主席菲利普·马尼埃（Philippe Manière）给出了他自己的解读："文化一词对于右翼来说有着更为丰富的内涵，或许因为这些内涵与上溯到殖民时期的文化传播使命有关。这个词让右翼和极右翼都欢欣鼓舞，同时也避开了左翼的批评。没人会反对文化。"[1] 这个评语十分中肯，尤其因为在法国，要想让人认真倾听自己的意见，就需要认同三个前提：法国文化以伟大得名，法国文化是国家身份的标志，法国文化现在正面临危机。牛津大学历史教授、法国问题专家西奥多·泽尔丁（Theodore Zeldin）

---

[1] 本·霍尔（Ben Hall），"萨科齐抢占左右翼竞争者先机"（«Sarkozy steals thunder of rivals on left and right»），《金融时报》，2008 年 1 月 12 日。

第十二章

不也注意到，巴黎关于国家身份的研讨会比脱衣舞夜总会都要多吗？"法国到处都在说危机，说现在面临着各种各样的危机。但是别忘了这个状况一直都是存在的。"[1]

为时已久的身份危机最敏感的原因之一在于法国的衰落。尽管法国人乐于承认他们的语言在商业和外交方面退居次要，但仍然对法语担任重要的文化传播功能抱有幻想。2006年的欧盟峰会上，因为商界领袖欧内斯特-安托万·塞耶尔（Ernest-Antoine Seillière）提出要用英语发言，雅克·希拉克居然愤然离场。他之后这样解释自己当时的态度："这事关国家，事关文化和各文化间对话……未来世界不能建立在单一语言、也就是单一文化之上。"

到这里，我们已经触到了衰落的主要原因之一：法国文化之所以失去光芒，是因为生产文化的语言已经褪色。世界上讲英语的人口比讲法语的人口至少多两倍，排在西班牙语之前。此外，英语人口和西班牙语人口的增长速度比法语人口更快。据英国文化协会统计，85%的国际机构选择英语作为工作语言，而仅有49%选择法语。

在英国，法语仍是中学生外语首选，但选修法语的学生人数正逐年下降（2006年至2007年下降了8%，这一年推行了教育改革，英国中学文凭要求的外语成为选修课程）。美国通常一直是法语学习人数最多的国家，但在2006年，大学语言课程中选修法语的比例仅剩13%，选修西班牙语的比例达到50%以上。一些法国评论家认为这个比较没什么说服力，因为在美国，西班牙语和英语一样被认为是一种官方语言。这种观点也是站不住脚的，因为西班牙裔不会在学校学习他们的语言，他们本来就会说西班牙语。他们想要学的是英语。

---

1 西奥多·泽尔丁，"修复中的悲惨世界"（"Les Miserables on the Mend"），《时代周刊》，1998年6月15日。

第一部分　法国文化还剩下什么？

　　法语在曾经的法国殖民地，如非洲、安的列斯群岛和亚洲，保留了微弱的影响。但不管是在前殖民地，还是在其他地区，法语都无法抵挡英语的汹涌势头。这在发展中国家尤为明显。例如在越南，学习法语的中学生和大学生不足10万名，比1980年少了十倍。在中国的1.5万所中学和600所最好的大学中，开设法语课程的学校数量分别只有33所和175所。法国政府在全世界推广法语的努力，无论是通过法语推广运动还是法语联盟，都没有扭转整个趋势。

　　但是在实际中，法语的衰退对法国文化造成了什么影响呢？显然，法语书、法语电影和法语音乐对受众失去了吸引力。翻译的费用很高，一本150页的书平均需要2500欧元的翻译费。[1] 翻译电影字幕也价格不菲（电影配音的价格更高），况且，某些国家的观众——尤其是美国观众——不喜欢带字幕的电影。更为关键的一点是，主要的文化评论刊物和广告喉舌机关——在全世界制造话题的发射器——都使用英语，并且将机构设在美国和英国，对于法国艺术从业者来说，在国际上获得知名度相当困难。社会学家阿兰·格曼对我回忆道："20世纪40和50年代，法国是艺术舞台的中心，那是人尽皆知的。要想出名，就要去法国。现在，得去纽约。"

　　法国文化衰落还有一个原因，那就是教育体制。法国的教育体制曾经以严苛著称，现在却成为众矢之的。人们批评现在的教育过于注重张扬个性，忽视了对知识的获取。年轻教授范尼·卡佩尔（Fanny Capel）的著作反映了这一现象。在《谁曾有过把学校砸烂的疯狂念头？》(*Qui a eu cette idée folle un jour de casser l'école?*)（拉姆齐出版社，

---

[1] 艾斯特·艾伦（指导），《被翻译还是不被翻译——PEN/IRL关于国际文学翻译状况的报告》，2007年。

第十二章

2004年)一书中,卡佩尔展示了教师队伍在带领高考班复习的时候对80%的学生降低了要求。我们可以讨论最适于培养艺术家、作家或者音乐家的教育方法,但是如果可以考虑一下家长的想法,那么严格教育要胜于张扬个性。另外,教育体制的严格曾经滋养了法国文化的活力,这也是不容分辩的。对此,克里斯多夫·博伊克斯(Christophe Boïcos)这样说道:"很多艺术家表现出反对他们曾经接受的教育的态度,浪漫派、印象派和现代派都反叛当时的教育规范。但是这些规范是非常严格的,这让那些反对规范的作品的质量相当之高。"

1968年之后施行的一系列改革砍掉了一部分艺术学科,在这之后,曾经吸引大批高考生的文科让位于理工科目和经济科目。1968年,大约有一半高考生参加了文科考试,2007年,这个比例只剩18.6%。前卢浮宫馆长皮埃尔·罗森伯格(Pierre Rosenberg)抱怨道:"在学校里我们学习阅读,但不学习观察,"他又补充道,"而且也不学习用创造性思维思考。"2008年11月美国总统大选的初选阶段,大部分候选人都提出要增加造型艺术课程和音乐课程的课时。正如共和党人麦克·哈克比(Mike Huckabee)所解释的,这种开发"右脑"的愿望不仅仅是为了让学生全面发展,也有利于下一代的创新能力,这种能力对于全球化经济下的美国是必不可少的王牌。法国教育部长格扎维埃·达尔科斯(Xavier Darcos)似乎也偏向于开发创新能力,而不是另一个掌管分析能力的大脑半球。他说道:"我们需要掌握演讲能力和论证能力的文科大学生、中学生。学生们如果有意选文科,就不应该有任何犹豫。"[1]

如果大学不深化改革,部长的要求是无法被满足的,现在很多法

---

[1] 玛丽-艾斯黛乐·拜奇(Marie-Estelle Pech),"达尔科斯呼吁高中生报考文科"(« Darcos appelle les lycéens à s'inscrire en section littéraire »),《费加罗报》,2007年9月7日。

第一部分 法国文化还剩下什么？

国大学人数超额、预算不足、管理不善，几乎要办不下去。《泰晤士报高等教育副刊》(*Times Higher Education Supplement*) 每年会公布一份世界最优秀的200所大学排名。在2007年11月公布的最近一份排名中，只有五所法国大学上榜，更值得注意的是，在50所最优秀的"艺术人文类"（可以理解为艺术学科和人文学科）大学的细分排名中，只有巴黎四大（排名29）和巴黎高师（排名33）上榜，而英语国家有36所大学上榜。

正如各种官方报告和教育专家多年来指出的，法国给予精英大学——这类学校限制录取人数——巨额拨款，却让普通大学陷入财政困难。法国似乎在教育方面，也像在其他方面一样，乐于培育精英。按照大学生的人数比例，拨给高等院校的预算比中学要少。巴黎四大——索邦大学前任校长让-罗伯特·皮特（Jean-Robert Pitte）不无讽刺地提到，法国每名大学生在大学校园占有的面积为2.6平方米，而一只布雷斯鸡要拿到AOC产地认证，占有的面积要比这个数字高三倍。

在法国，教育和文化是分属于两个不同部门的、互不相干的领域。而在其他国家，人们期望教育机构为文化的繁荣起到培育人才的作用。英国文坛最著名的几位小说家，如伊恩·麦克尤恩（Ian McEwan）、石黑一雄（Kazuo Ishiguro）、安妮·恩莱特（Anne Enright），都曾就读于东安格利亚大学的"创造性写作"专业；多名美国作家——华莱士·斯特格纳（Wallace Stegner）、詹姆斯·泰特（James Tate）、迈克尔·坎宁安（Michael Cunningham）——也在爱荷华大学攻读过类似课程。耶鲁大学的造型艺术学院培养出了著名的画家和雕塑家，例如布莱斯·马尔顿（Brice Marden）、理查德·塞拉（Richard Serra）和查克·克洛斯（Chuck Close）。在德国，侧重于当代创作的柏林艺术大

第十二章

学已经被公认为世界最主要的艺术学院和音乐学院之一。

除了培养艺术从业者,大学同样承担着促进一个地区或国家的文化繁荣的功能。美国的4182所大学旗下有将近700家博物馆、110家出版社,将近300家广播电台、近345所摇滚乐和流行乐音乐厅,以及2300家表演艺术中心。从属哈佛大学的戏剧团队美国轮演剧院获得的预算(大部分都是私人经费)比很多国家的国立剧院还要高。同样地,伊利诺伊大学克兰纳特艺术表演中心几乎没有国家资助,但每年演出150场,拥有90名全职雇员。法国对公立大学的忽视,使它失去了补救文化现状的机会。

对于一个拥有6400万人口的国家如此一言概之,似乎有些鲁莽,但正如吕克贝松所说的,法国全民都有一种对商业成功的不信任感。一些民意调查显示:年轻人更倾向于选择公务员的职业,而不是"私营"性质的职业。2008年初,《外交政策》杂志一篇文章的标题起得恰如其分:"欧洲的失败哲学"。文章展现出在当今的经济颓势下,法国(以及德国)的学校教材是如何侧重于介绍教授资本主义和企业精神的。格扎维埃·达尔科斯意识到问题的严重性,于2008年初针对高中生的经济类教材和课程进行了审查。对此,社会学家阿兰·格曼评价道:"在美国人看来,一个艺术家的成功就表明了他作品的水准。在我们眼中,艺术家能成功说明他太商业了。成功是品位差的代名词。"如果法国有一天能重新找回它在世界上的位置,想必法国的年轻艺术家就不会害怕成功了。

第十三章

法国文化复兴的主要障碍来自于政府本身。长期以来，法国公共机构在文化领域担任了首要角色，而它们近乎垄断的地位带来的不只是正面影响。在法国，国家资助的数额高于、并且远高于其他大部分工业化国家。数年来法国各届政府都坚定地将国家 1% 的预算预留给文化。据经济合作与发展组织统计，娱乐和文化活动整体占法国国内生产总值的 1.5%，而德国仅占 0.7%，英国占 0.5%，美国占 0.3%。

一份多年前的调查显示，法国文化领域的人均公共支出是美国的 29 倍，[1] 这个差距无疑越来越大，因为美国国家艺术基金会拨发的资助在逐年削减。这个美国官方机构的工作人员大概不到 500 人，而法国文化部的雇员则达到 1200 人，这些人的工作就是甄选哪些艺术家、项目和机构可以拿到国家资助。此外，法国外交部也拥有自己的文化项目，对大批艺术家和艺术作品的海外交流予以资助，目前外交部在海外资助了 148 个文化团体、26 个研究中心和 176 个考古挖掘现场。一名美国大学生谈道：如果你想在学校里组织一个法国电影节，法国外交部会发放给你 1800 美元的资助。

法国在保护国内文化市场的同时，屏蔽了国外文化产品的入侵，

---

[1] 约翰·罗克韦尔（John Rockwel），"社会主义之下的法国文化"（"French culture under socialisme"），《纽约时报》，1993 年 3 月 24 日。

第一部分 法国文化还剩下什么？

以及它们可能产生的影响。法国政府在这方面采取了一些措施，以下择重列举：

——电影从业者可以在法国国家电影中心申请收入预支，即影片上映取得收入后再归还的一种无息借贷。借贷很少有全部还上的情况；

——法国主要收费频道、法国四台被强制要求将20%的收入用于购买法国电影。无线电视台同样遵循强制规定，将3.2%的收入用于购买国产电影；

——电影从院线上映到DVD进入市场销售，之间要有六个月的间隔，以保证电影的发行；

——从电影票收入中抽取11%的税，用于成立特别基金，扶持电影产业；

——出台图书单一定价法，保护出版业，并禁止图书折扣价低于标价的5%；

——立法规定电视节目和电台的音乐节目必须有40%为法国国产作品。一项附加配额体制还保证了法国国产作品能够在黄金时段播出，不致被打发到深夜时段；

——临时演员享有格外优惠的失业保障体系；

——画家和雕塑家可以享有一些特殊待遇，尤其针对只设在巴黎的艺术工作室。

当然，法国不是唯一一个对本国文化和艺术从业者予以保护的国家。加拿大和英国也采取了要求在某些电视台播放国产影视作品的严格措施。在韩国，电影院每年必须有73天放映国产电影。此外，在2005年10月召开的联合国教科文组织大会上，151个国家签署了《保护和促进文化表现形式多样性公约》，这份公约保证了各国政府可以

第十三章

进一步以保护文化多样性的名义,限制国外文化入境。

那么,回到法国身上来,由种种资助、配额和限制措施组成的政策规定到底对文化产生了何种效果呢?它帮助小型出版社、音乐厂牌和电影制作人抵住了国际竞争压力。对于韩国来说,电影配额制扶植了本国电影产业,使其成为当今世界最具活力的电影产业之一。相比之下,拒绝配额制的墨西哥于 1994 年签署《北美自由贸易协定》(l'Accord de libre-écrans nord-américain,Alena),从年产 100 部电影变成现在年产不足 10 部。

但是从这些案例当中我们无法得出这样的结论:对文化坚定不移的关切一定有助于催生雄心勃勃的文化事业。1994 年之前墨西哥制作的大量小成本电影在艺术价值上是有争议的。韩国近年来削减了保护配额,决心开放电影市场,直面竞争,至今已经取得令人更加满意的成果:大量韩国影片在国际市场发行,并且在各大电影节取得佳绩。法国体制的不良后果就是,对从事表演的临时工进行补贴促使影视制作公司和其他文化机构——包括那些规模最大的国立机构——依赖于兼职工作,以避免缴纳一部分社保费用。而这些临时工有一部分是技术工人,并非演员。法国的文化保护政策对法国文化的国际影响力产生了不小的负面作用:配额和语言的障碍让法国电影从业者无后顾之忧,不再花心思让电影走向国际。马其诺防线让法国人以为可以抵御住德国的入侵,但后面发生了什么大家都知道了……

最后,与其讨论艺术价值的评判标准,不如讨论一下收买人心的文化政策和遵循这种体制逻辑的利益分配制度。法国文化政策制造出的第一批产品,就是一堆公务员和同属一丘之貉的各类大型机构负责人。这些思想封闭的精英有自己的偏好,什么作品属于文化范畴由他

第一部分　法国文化还剩下什么？

们来决定，无论作者或者政策受益者本人怎么想。法兰西学院院士、荣誉教授马克·弗马洛利（Marc Fumaroli）认为："我们的'文化例外政策'的缺陷之一，就是同时保护了平庸的作品和最好的作品。"他在著作《文化国家》(*L'État culturel*) 中揭露了文化政策的弊端："电影行业尤甚，我认为收入预支这个优秀制度有太多时候都服务于平庸之作……我担心这个圈子会被庸人占领，然后把他们的胜利果实分给同流合污的伙伴们。"[1]

人们总是用这种理由为配额制和国家资助辩护：两者保护了市场力量必将摧毁的文化活动和文化部门。然而，对于国家资助政策以及这种政策在资源分配、发放手续和经济透明方面造成的失衡，大量经济专著是报以警惕态度的。要证明这一观点，考察一下欧盟的农业政策及其负面影响就足够了。经济学家抨击，对服务部门——例如文化活动——给予资助，是鼓励平庸而扼杀创造力。我们能否得出这样一个结论：法国文化难以自保，是因为国家资助鼓励了平庸，并且导致了法国艺术从业者的自满呢？对于另一种形式的保护主义——本国优先，英国指挥家托马斯·比彻姆评价道："为什么要邀请这些国外三流交响乐团来演出？我们本国已经有的是二流乐团了。"

要衡量文化资助的效果并非易事，但考察一个几乎不存在文化资助的国家——美国——的文化生活或许有些启迪作用。弗雷德里克·马特尔在其引起广泛关注的著作《论美国的文化》(伽利玛出版社，2006年) 中描绘了美国的文化场景，他认为美国文化的活力、质量和深度令人叹为观止。马特尔曾任法国驻美国波士顿文化专员，在美国

---

[1] 塞巴斯蒂安·勒·福勒（Sébastien Le Fol），"马克·弗马洛利、弗雷德里克·马特尔：'文化和国家走向分化？'"（« Marc Fumaroli, Frédéric Martel: "Vers la séparation de la culture et de l'État?" »），《费加罗杂志》，2007年2月10日。

第十三章

生活的五年中,他访问了 700 多名美国文化界人士,并且在全美国多家博物馆、剧院和歌剧院展开田野调查。他这番游历的并不是一片人人只会听 iPod、看《绝望主妇》的文化沙漠,而是一个人均拥有艺术家和演出场所数量几乎同法国一样多的国度,同时拥有数量更多的图书馆、电影院和舞蹈团。弗雷德里克·马特尔解释道,美国人阅读书籍、逛博物馆和观看演出的频率和法国人是不相上下的。(当然另有一些观察家提到,观看歌剧的美国人与观看国家橄榄球联盟比赛的美国人数量相同……)而这一切都是在没有公共资助和文化官僚主义存在的情况下发生的。马特尔写道:"虽然美国没有文化部,但文化生活无处不在。"

马特尔解释道,美国与法国的不同之处在于,大部分文化机构都是依靠个人和企业的捐赠、私立基金会的资助、税项减免以及私人资金支持的科技创新运营的。当然,美国近一段时期比法国相对更高的经济增长率也有利于这个体系的发展。此外,也正是由于这个原因,巴黎丢掉了艺术之都的地位。纽约和伦敦作为经济实力排在世界前列的城市,拥有众多艺术资助人和腰缠万贯的艺术收藏家,香港和北京更不用提,已经成为新的投机者天堂。在美国,政府机关——无论是地方级别还是国家级别——也直接或间接地对艺术行业予以资助,然而更多时候是由各个机构或者资助人自己做决策。弗雷德里克·马特尔写道:"飞机上没有驾驶员,没有官方介入也没有中央的参与。没有调控。有的是更美好的东西:几千所独立而且彼此联结的机构。"得到的结果是什么呢?美国的文化与法国文化一样生机勃勃——甚至在要求最为严格的艺术形式中,例如歌剧或古典乐——,而且更为多样化,更贴合公众的兴趣。马特尔总结道:"这是文化的公民人文主义奇迹。"法国或许可以把这个奇迹当成榜样。

第十四章

我们还能挽救法国文化吗？当然可以，但治疗的过程会很痛苦。从教育制度入手是比较明智的做法，萨科齐政府加强中学阶段的艺术史教育是一个令人鼓舞的信号。但这么好的方法为什么不推而广之呢？更多的音乐课程、文学课程和艺术实践课程都很有必要。应该鼓励高中生们报考文科，这样一来，就能够培养他们掌握沟通和论证的专业素养。更多的英语课程也非常有用。不管我们愿不愿意，英语已经成为当今国际文化交流的语言。法国演员、作家和音乐家如果缺乏英语能力，只能蜷缩在高卢村庄的小范围内。一些拥有国际知名度的人士，比如皮埃尔·布雷（Pierre Boulez）和皮埃尔·于热（Pierre Huyghe）等人，每天或者几乎每天都在使用英语。

多名评论者提出将教育部和文化部予以合并。尽管这种提议本身会遭遇重重障碍而失败，但它能够产生值得赞赏的效果，就是向年轻一代展示出对文化的获得和欣赏是教育不可分割的一部分。我们还可以延伸一下：何不将这个办法介绍给那些接受资助和半失业状态的艺术家、收入低微的临时演员、做兼职的雇佣教师、常驻顾问和常驻艺术家呢？据统计，领取失业保障金的人当中，有18%是艺术从业者！此种办法让学生不仅可以同文化接触，还可以同从事文化活动的人接触。谁又能知道，这种有益的竞争不会使教育体系扮演曾经扮演过的

第一部分　法国文化还剩下什么？

人才孵化器的角色呢？

公立大学也可以参考这个方法。能够增加对公立大学的资助是最好的，这也是每所高校对其预算、专业设置和录取标准进行把控的一个最有力的工具。精英大学和公立大学地位的失衡在今天被人所公认，人们意识到这一点，就方便了改革的实施。这样一来，两方面能共同促使"右脑"控制的学科如艺术、文学和音乐的地位被人们认可。如果有的国家能够通过高等教育同时发展创新产业、促进文化繁荣，那法国无疑也有能力迎接这个挑战。

法国文化基础设施在改革中产生哪怕一丝的动摇，都会付出代价。文化机构想要存活，必须找到除公共资助以外的其他财政收入。美国和英国等国家的经验已经证明，除国家资助之外，还存在诸如私人捐助或公私合作性质的资助。不论是美国田纳西州还是英国，都找到了扶持文化活动的创新方案，例如发行彩票，对酒店客房或汽车牌照征税等。

让法国采取其他国家已经在施行的慈善性方案看上去是无法想象的。从人均水平来看，英国人对慈善机构的捐助额比法国人高五倍，美国人则高十倍。法国人当中，即使是那些最富裕的人群或者本身就在文化机构行政部门工作的人，都极少把自己的钱捐出去。不过还有一个可行性空间，如果政府肯采取一些税收激励政策，还是可以对捐助行为产生效果的。一个建议：何不对捐助了慈善机构或文化机构的私营企业予以即时的、完全的营业额税收减免呢？这种类型的激励政策实施范围目前非常有限。克里斯多夫·博伊克斯解释道："在美国，只要向博物馆捐赠一幅画，你就可以获得税收全部减免的权利。而在法国，这方面的限制非常多，而且决定权在政府。但假如私营部门能

第十四章

够参与更多、文化机构能够享有更大的独立性，法国会迎来真正的艺术复兴。"

萨科齐任命克丽丝汀·阿尔巴奈尔（Christine Albanel）担任文化部长一职，是对私营部门重新示好的表现。阿尔巴奈尔曾任凡尔赛宫公共管理机构主席，她鼓励艺术赞助以及与企业之间的合作。还有一些因素也在发生作用。2007年，阿维尼翁戏剧节的预算有5%出自私人或私企的捐助，戏剧节组织者希望这一数字能够进一步增长。法国人对企业干预文化抱有一种不信任感，但其实这种干预在国外并不会妨害受资助文化机构的独立性。即使在美国，私营部门也仅占艺术活动全部花费的2.5%。

法国人不太可能对国家管理文化机构一直表现出极大的宽容。改变这种依赖性文化体制需要国家权力机关撤出文化领域，这项事业具有很大的政治风险。撒切尔夫人曾削减英国政府在艺术领域的公共花销。之后，首相布莱尔权衡自身的政治利益，又开始为各大博物馆非营利机构提供资金。而在法国，政府在文化领域几乎占有垄断地位，这很可能导致对文化的扭曲认识，使文化沦为官员和巴黎精英的私产。

某些变革并不取决于法国自身，而在于其他国家重新审视自己的思维方式的能力。美国、英国，尤其是德国，把目光集中于自己国家数量庞大的文化产品上，不公正地忽视了法国。尽管《资本》杂志公布的《艺术指南》是对全世界艺术家价值的一个具有公信力的衡量标准，但它对各个展览、出版物和博物馆中露面的德国艺术家给予了过分的倾向性。另外，英语国家也患有严重的偏见症。哥伦比亚大学的艾斯特·艾伦（Esther Allen）悲叹道："有一个现象令人遗憾，那就是在文学界，英语不只作为交际共同语，而是更具侵略性，它抵制任一外语的表达，声如雷鸣地排挤其他语言，从来不听它们说了些什

85

第一部分　法国文化还剩下什么？

么。"举个例子：2007 年，英国《卫报》的往期报纸中共出现了 85 次"英国艺术"，而"法国艺术"一词只出现了 19 次。里昂的文化机构"吉莱别墅"总经理居伊·沃尔特提到："当我对一家纽约出版社说起一本法国小说的时候，我会听到这样的回答：'太法国了'。但他怎么知道美国人就不会读法国小说呢！"法国政府可以在这方面引导推广法语和法国文化在海外的影响力，而且在这项任务中，人们没有丧失掉创造力。

这些外国人没有明白法国文化具有的活力之大，只需看一下拉契得·波查拉（Rachid Bouchareb）执导的《光荣岁月》(*Indigènes*) 和雅克·欧迪亚（Jacques Audiard）执导的《我心遗忘的节奏》(*De battre mon cœur s'est arrêté*) 就很清楚了，这两部叫好又叫座的影片在国际范围的实验与艺术影院获得了极大成功。另一位突尼斯裔导演阿布德拉提夫·柯奇许（Abdellatif Kechiche）的作品以剧本细腻见长，他最近拍摄的两部长片《躲闪》(*L'Esquive*) 和《谷子和鲻鱼》(*La Graine et le Mulet*) 获得了凯撒电影节最佳影片奖。

小说作家同样遭遇了现实问题：2007 年文学回归季的大事件之一是奥利维耶·亚当（Oliver Adam）的作品《避于虚无》(*À l'abri de rien*)（奥利维耶出版社，2007 年），这部作品关注的是法国桑加特难民营中难民的命运。埃里克·泽穆尔（Éric Zemmour）、菲利普·贝松（Philippe Besson）和玛萨琳·彭若（Mazarine Pingeot）以当下社会新闻为题材进行创作，引发舆论争议并且惹上了官司。马克西姆·沙塔（Maxime Chattam）凭借《捕食者》(*Prédateurs*)（阿尔班·米歇尔出版社，2007 年）为法国作家在悬疑小说界赢得了与英语作家平起平坐的地位。帕特里克·夏穆瓦佐（Patrick Chamoiseau）、雅斯米纳·卡德拉

第十四章

（Yasmina Khadra）、安娜·莫伊（Anna Moï）和阿兰·马班库（Alain Mabanckou）将前殖民地和海外省语言糅合进法国文学。在他们的影响之下，这些来自前殖民国家的作家们能够同英国前殖民地伟大的英语作家一样，进入世界文学舞台的前列。另外，深受日本漫画影响的法国连环画作者，也使法国在这个最受欢迎的文学类型之一、"第九艺术"领域位列前茅。

本杰明·比奥雷（Benjamin Biolay）、文森·德莱姆（Vincent Delerm）和卡米耶（Camille）为法国流行音乐带来了新的希望。出生在塞内加尔、父母来自乍得的MCSolaar、刚果移民后裔阿卜杜勒·马利克（Abd Al Malik）和来自塞浦路斯的Diam's，以街头语言为基础创作了独具风格的说唱音乐，比美国说唱音乐更精致、更诗意。尽管这种音乐很难获得法国精英的认同，但它构成了法国最具活力的音乐类型之一，并且成为郊区居民展现自我的一个难能可贵的舞台。

或许这是法国重新获得国际声誉的另一种办法。在法国，不满于现状的、雄心勃勃的少数族裔对于文化有鲜明的态度。尽管法国实行配额制和资助政策，但这个国家已经成为一个发源自法国四面八方和第三世界最偏远角落的艺术、音乐和文学的多民族大集市。没有任何一个地方能够像法国一样，能够发行如此丰富的非洲、亚洲和拉美音乐。法国电影院里上映的电影往往来自阿富汗、阿根廷、匈牙利等各国各地。加利福尼亚大学洛杉矶分校教授、英国人佩里·安德森（Perry Anderson）在分析法国在世界的文化地位时说道："巴黎电影院每天放映的外国影片，无论新片还是老片，数量比世界上任何一个其他城市多五倍。我们今天所说的'世界电影'当中，有很大一部分之所以能够获得关注，要感谢法国对它们的认可，甚至资助。像阿巴斯·基阿鲁斯达米、侯孝贤和乌斯曼·塞姆班等人的作品，是依靠英

第一部分　法国文化还剩下什么？

美国家的认可才成功的，但这些导演除了在他们本国以外，并不是太知名。"[1]

类似地，一些有干劲的出版社，比如克里斯蒂安·布尔若瓦出版社，将各个国家的作品翻译成法语出版，这对影响下一代作家功不可没。这种现象其实并不算新鲜，比如普鲁斯特在创作《追忆似水年华》之前，就痴迷于英国作家约翰·拉斯金（John Ruskin）的作品。而且未来的作家并不一定是出生在法国的孩子。伊朗作家玛嘉·莎塔碧（Marjane Satrapi）认为："在法国，来自世界各地的人们往往一到这里，就可以开始作画或者用法语写作，甚至用其他语言写作。法国文化是建立在品质之上的。"莎塔碧执导的电影改编自其创作的漫画作品《我在伊朗长大》（Persépolis），于2008年获得奥斯卡最佳外语片奖。

在其他国家，尤其是在美国和英国，少数族裔在文化生活中有更多的参与性，同时这些国家的文化机构原则上也更尊重文化项目、目标群体和演员选择方面的多样性。而法国的文化官员更偏向于文化同一性，整体来说，对移民的文化影响采取拒斥的态度。2007年，法兰西喜剧院取消了贝尔纳-玛利·科尔代斯（Bernard-Marie Koltès）的《重返沙漠》（Retour au désert）的演出计划，因为剧团行政主管将"临时佣人"阿齐兹这个角色分配给了一名非阿拉伯裔演员，这违背了作者在剧本中的安排。很明确的一个事实是：由56名成员组成的剧团中，无一人来自北非或中东，然而据统计，法国人口中有8%是阿拉伯裔。

---

[1] 佩里·安德森，《温和的思考——对法国文化的批判眼光，回应皮埃尔·诺拉的"炙热的思考"》（La Pensée tiède—Un regard critique sue la culture français, suivi de « La Pensée réchauffée »），色伊出版社，2005年。

第十四章

赛义德·塔马乌伊（Saïd Taghmaoui）是好莱坞最成功的法国演员之一［他参演过《怒火青春》(*La Haine*)《追风筝的人》(*Les Cerfs-Volants de Kaboul*) 以及美剧《白宫风云》(*À la Maison Blanche*)］，但奥利维耶·普瓦福尔·达沃尔拟定的300法国名人榜拿掉了他的名字，这恐怕并非巧合。塔马乌伊是摩洛哥移民后裔，他离开法国发展，对此他向《新闻周刊》(*Newsweek*) 杂志解释道："作为少数族裔演员，你总是被框定为丑角。"[1] 弗雷德里克·马特尔在著作中提出，法国在文化例外方面具有"虚伪性"，他也曾对我说过："美国对内捍卫文化多样性，对外则反对。法国在全世界捍卫文化多样性，对内却反对。"

一个国家不从各个边缘力量中汲取养分，如何能维持大国地位呢？弗雷德里克·马特尔认为："美国之所以占主导地位，不仅在于其帝国主义文化，还在于依靠着数量庞大的少数族群，成为了一个微缩的世界。"我们可以看一下柏林的例子，柏林成为新的文化之都，它的腾飞与在国际上的经济地位关系不大——其实它的经济地位也属二流——，而是与房地产市场关系重大。受柏林墙倒塌的影响，房地产市场存量充足而价格低廉。1989年起，破败的住宅区迎来了大批新居民，他们当中就包括来自国外，或者其他地区、甚至西柏林的艺术家。这就像为20世纪的巴黎带去艺术繁荣的蒙马特和蒙巴纳斯一样，在今天，来自社会边缘的新先锋文化填补了柏林的空白。

法国在两个方面的出色表现有赖于从外部吸收的养分，这两个方面属于比较广义的文化范畴。法国之所以在时尚界地位卓越，完全要归功于善于那些捕捉时代潮流的设计师，诸如可可·香奈儿（Coco

---

[1] 达纳·托马斯（Dana Thomas），"赛义德·塔马乌伊：从贫民窟走向全球银幕"（"Saïd Taghmaoui：from the ghetto to the global screen"），《新闻周刊》，2007年12月31日。

第一部分　法国文化还剩下什么？

Chanel)、皮尔·卡丹（Pierre Cardin）、安妮·瓦莱丽·哈什（Anne Valérie Hash）、克里斯汀·拉克鲁瓦（Christian Lacroix）、让-保罗·高提耶（Jean-Paul Gaultier）。高级订制和奢侈成衣是不限国界的。所以英国设计师约翰·加利亚诺（John Galliano）、亚历山大·麦昆（Alexander McQueen）和斯特拉·麦卡特尼（Stella McCartney）都曾为克丽斯汀·迪奥（Christian Dior）、纪梵希（Givenchy）和蔻依（Chloé）做过系列设计；以色列设计师阿尔伯·艾尔巴茨（Alber Elbaz）为浪凡工作；美国设计师马克·雅各布（Marc Jacobs）为路易·威登工作，而德裔设计师卡尔·拉格菲尔德（Karl Lagerfeld）一直是香奈儿掌门人。从各方面来说，时尚界预示了文化未来的命运走向，即转型为一个没有国家意义、仅以创意为标准的大型国际市场。法国在时尚领域获得成功的原因之一就在于，这里几乎完全不存在国家资助和官员。

至于法国菜，建立在意大利传统菜基础之上，并越来越多地吸收亚洲传统菜的做法，目前在世界上虽然仍是美食的参照标准，但它正面临着严重的挑战，尤其是来自英国、日本和美国的挑战。照此看来，萨科齐将"法国美食"列为人类文化遗产似乎更像是一种坚持，而非创新。在相关的葡萄酒领域，法国的葡萄酒生产者终于下决心使用国外尖端的生产技术，从而在面对新的葡萄酒生产国的竞争时保证自身的品质，比如低温发酵技术、微氧化艺术，尤其是营销手段。这种交流由来已久，19世纪60年代，根瘤蚜虫灾害过后，法国几乎所有的葡萄种植园都依靠美国的葡萄品种做砧木嫁接，才恢复元气。"我们必须应对全球化的风险，并且迎接外面的世界。""吉莱别墅"的居伊·沃尔特这样说道。

外面的世界变化很大。当法国竭力在世界文化舞台吸引人们的目

第十四章

光时，它要与之竞争的是伊朗或韩国的电影人、日本或东欧的音乐人、印度或墨西哥的作家（以及近年来获得诺贝尔文学奖的土耳其或南非作家）。亚洲发展中国家展现出格外的繁荣。中国文学继二十年的沉寂之后，强势回归。2004年出版、由北京一所大学的教师姜戎创作的长篇小说《狼图腾》在中国销售2000万册，之后在24个国家相继出版，并很快被一家日本公司以30万美元买下版权并改编为漫画。中国的电影明星——成龙、巩俐、章子怡等——和流行歌手——王菲、周杰伦、孙悦等——如今在亚洲已经家喻户晓。中国将流行文化视为一种在亚洲、很快将在欧洲制造影响力的手段。出于意识形态的原因，中国对海外进口文化产品采取一种严厉的限制措施，但近年来政策逐渐放宽，国外影片在整个票房收入中占三分之二。中国艺术家是当今世界最有创作活力的群体之一，他们的作品在大型拍卖会上以数百万美元的价格成交，就反映了这一点。奥运会为北京带来一幢幢雄伟建筑，其创意之大胆令很多法国建筑设计师望尘莫及。中国在整个亚洲的文化推广是其战略手段的一个间接结果：中国选择依托经济交流扩大国家的影响力，而非行政管理或军事力量。我们在每一个发展中国家的街头摊子上，都能看到来自中国的影碟和唱片，包括那些没什么人说中文的国家。

亚洲国家在古典乐领域也位居前列，导致西方音乐学院和演奏厅对远东国家成长起来的演奏家趋之若鹜。日裔美国作家、2007年出版相关论著《海岸另一端的音乐家》(*Musicians from a Different Shore*) 的吉原马利（Mari Yoshihara）解释道："中产的崛起，日本是在二战后，韩国是在朝鲜战争之后，中国则是在"文化大革命"之后，中产的崛起令这些国家的很多人能够接受水准非常高的音乐教育。20世纪下半叶兴起的音乐教学法，诸如铃木教学法，颇有成效，对音乐演奏在中

第一部分　法国文化还剩下什么？

产阶层中的推广也起到重要作用。"中产阶层在亚洲国家迅速壮大，成为最重要的文化生产者和文化消费者。与此同时，33 年来致力于指导培养青少年古典乐人才的委内瑞拉国立青少年管弦乐团，极好地证明了拉丁美洲其他 23 个国家正在蜕变。法国及西方国家面临着极大的挑战。这个挑战的难度越来越大。

根据一项重要的国际指标，法国在一个方面遥遥领先：生活质量。根据联合国发布的人类发展指数，法国是世界上生活质量最高的十个国家之一，但如果按照人均收入排名，法国只能排到前二十。多位文化界名人，诸如巴洛克风格音乐家威廉·克里斯蒂（William Christie）和雕塑家安塞尔姆·基弗（Anselm Kieffer），都选择在巴黎定居。他们可以成为效仿的对象，让纷纷离开法国的人们重新发现它的吸引力，不过条件是，降低税率，改革（或者取消）财产税。法国在全世界面临的吸引人才的竞争，无论是喜是忧，都非常严峻。英国广播公司制作的一档电视栏目"BBC 巴黎"的主持人桑德琳·瓦莱（Sandrine Voillet）说道："对于文化产品制作来说，地理位置已经失去意义了。艺术从业者在全世界各个地方都能工作、交流、销售他们的作品。"

1946 年，让-保罗·萨特感谢美国诞生了欧内斯特·海明威（Ernest Hemingway）、威廉·福克纳（William Faulkner）等大批作家，为法国文学带来了启迪——不过美国人自己认为这些作家都有些过时了。萨特断言："我们将把借自你们的创作技法发扬光大，我们将让它更规整、更深刻，少些功利，少些生涩，即有意地按照法国文学的口味加以整改，再还之于你们。通过此种交流，两个国家将会在对方身上重新发现自己曾经创造、继而抛弃之物，你们或许会在这些外国

第十四章

书籍中，重新发现'老'福克纳永恒绽放的青春光芒。"[1]

终有一天，全世界也会如此重新发现法国永恒绽放的青春光芒，这个国家在追寻文化荣光的过程中海纳百川，采撷艺术的精华。当法国文化机构那些循规蹈矩的官员不再将自己的意见强加于人，当他们愿意承认社会边缘涌现的文化力量，法国将重新找回它的文化影响力。到那时，并且只有到那时，《时代周刊》的封面上将会写着："法国文化的复兴"。

---

[1] 让-保罗·萨特，"法国人看美国小说家"（« Les romanciers américains vus par les Français »），《新法国评论》（*La Nouvelle Revue française*），1997 年 9 月。

第二部分

兴 之 忧

安托万·贡巴尼翁

1880年左右，儒勒·格雷维（Jules Grévy）创立巴黎年度沙龙展，他问别人这个展览是否成功，得到的回答是："没什么出众的，就是些优秀的平庸之作。"当时的共和国总统很满意："优秀的平庸之作！太棒了！一个民主国家正需要这个。"格雷维办画展是为了投机，对此也厌倦了，后来其女婿兜售骑士勋章事发，于是很快洗手不干，但他当时是走在时代前列的。我们法国人一直自以为是世界最了不起的，但法国文化在今天已经沦为平庸水平——优秀的平庸水平。

　　当我们看到2007年12月欧洲版《时代周刊》封面的大字标题"法国文化之死"（« la mort de la culture française »）的时候，仿佛从天上跌到地上。更糟的是，那期杂志的美国版用的是另一个封面，甚至没有刊登这篇文章。

　　也就是说，这个消息——又不是法国政府垮台——在《时代周刊》营销部眼里应该引不起本国读者的兴趣。从美国看来——当然美国公众的观点是由时代华纳这个坐拥美国在线、HBO电视网和美国有线电视新闻网的大型传媒帝国塑造的——，法国文化的消亡已是既成事实，这相当于法国这个国家整个消失了，因为至今还没有哪一个国家将身份认同和文化联系得如此紧密。死去的尸体正慢慢冷却。只有欧洲人还在为此大惊小怪——亚洲版《时代周刊》继这场论战之后在

第二部分 兴之忧

下一月刊也登载了这篇文章——，法国人是为首的，欧洲其他国家也不约而同地提醒着这位自命不凡的邻居正在沉没。

除了颇有冲击力的标题和打眼的封面，唐纳德·莫里森的文章其实既无标新立异，也无大逆不道。谁能否认，法国文化——文学、电影、绘画、甚至高级定制、烹饪和葡萄酒——在出口方面的表现已经大不如前？谁能否认，法国文化已经失去了巴黎报刊杂志曾经独一份的青睐？谁又能否认，各地的文化，不只是欧洲其他国家，还包括美洲、亚洲和非洲的文化，都在蚕食法国文化的市场？这篇文章并没说出什么了不起的大事。

《时代周刊》这篇丧钟般的文章问世翌日，《世界报》便让我撰文回应。何乐而不为呢？当时常住纽约的我正在巴黎短暂停留，趁此机会我表达了对我国文化实力的看法，我的看法不算悲观，但很现实。我无意全盘拒绝唐纳德·莫里森令人失望的诊断，而是大而化之，举出一些反例。对其开出的拯救我们的多元文化药方，我表现得热情不高。我的文章是法国媒体上第一篇相关回应，[1] 之后我出发前往纽约，对美国杂志封面在法国、或者说在左岸一两个街区引起的轩然大波并不太意外，这场风波在2007年底持续了几个星期，直到圣诞节、新年来临。

我在纽约观察着这场雪崩般的争论。整体来说，人们出离愤怒，猛烈抨击唐纳德·莫里森对法国文化下的定论，一如三年前，马克思主义社会学家佩里·安德森在《纽约书评》发表了两篇关于"法国衰落"的惊人之作。[2] 很快，我发现自己是唯一一个认为莫里森记者并

---

[1] "美国眼中法国的衰落"（« Le déclin français vu des États-Unis »），《世界报》，2007年11月30日。

[2] 佩里·安德森，"暴跌"（« Dégringolade »）和"甜蜜的结合"（« Union sucrée »），《伦敦书评》（*London Review of Books*），2004年9月2日和23日。后翻译为法语出版，译名为《温和的思考——对法国文化的批判眼光，附皮埃尔·诺拉的回应"炙热的思考"》（*La Pensée tiède—Un regard critique sur la culture français, suivi de « La Pensée réchauffée »*），色伊出版社，2005年。

非大错特错的人，但我并不完全同意他的观点。法国文化的光芒之所以在世界范围有所消退，或许是因为它一时失去了走出自我看世界的能力。但法国文化遭遇危机不是第一次了，其他任何文化都是如此，首当其冲的就是美国文化。当我们走出危机变得更强时，这场危机反而是有好处的。广播、电视节目的邀约纷至沓来，相继请我发表看法。幸亏我当时无法成行，因为我发现自己进退维谷，腹背受敌。

论战平息后，我返回巴黎，信箱里塞满了信件——比我在媒体上发表对大学、研究和教育的看法时收到的信件多得多——，很多是回击我发表在《世界报》的文章。大部分寄信人都表达出一种直率的、法国特有的反美主义情绪。[1] 我文章中有一句话格外激怒了他们，因为这句话印证了唐纳德·莫里森认为法国当代文学乏善可陈的论断，我在文中承认道，"比起巴黎知识分子创作的自我虚构小说（auto-fiction）、滑稽可笑的极简主义作品和后自然主义写作，我更愿意读菲利普·罗斯、品钦或德里罗的最新作品"。于是读者们被惹火了，文中对菲利普·罗斯的影射尤其令他们愤怒——我推测，他们对另外两个作家毫无兴趣——，他们以捍卫法语的名义，列举了这样那样的法国作家来反驳我，这些作家冷门、优雅、无害。其中一位这样写道："我愿用罗斯所有难啃的、我一部都读不下去的大部头，换取保罗·马松笔下短短几页、动人的沙托鲁黄昏。"

我比较了一下自己的立场与国内上下几乎一致的观点之间，到底有多大程度的脱节。对于巴黎文化圈的激烈反驳也好，折中回应也罢，我都保持一贯的谨慎，我发现自己在两个阵营之间处境孤独，成了一个双面间谍，一个变节者，甚至是一个叛徒，我就是一个叛逃敌方的

---

1 见菲利普·罗杰（Philippe Roger），《美国敌人——法国反美主义谱系学》（*L'Ennemi américain—Généalogie de l'antiaméricanisme français*），色伊出版社，2002 年。

第二部分 兴之忧

法国人，没有旗帜鲜明地站队，没有义无反顾地冲上前线。那些最激愤的来信者就是这样对待我的。

我为什么出于本能地很难认同国内那些跳出来进行防卫的人呢？实际上，假如我等上几天再作回应，或者在了解到国人神经如此紧张、对任何来自他国的意见都极端敏感之前没有作出回应，我也不可能再出来发声了，因为那样我就会强迫自己故意与我的同胞们分道扬镳，就会听听这个、看看那个，努力辩证地分析问题，钻牛角尖。我们要承认一点，法国为世界文化舞台带去了最优秀的作品，这一点必须予以捍卫，但这不能成为对法国文化弊端缺乏清醒认识的理由。

正是这份孤独的体验，迫使我首先回想起自己亲身经历的法国文化和美国文化，以及它们都有可能发生的衰落，也迫使我反思自己曾经对法国和美国爱恨交织的情绪，它一度被抑制，几乎消于无形，但因为这件事而再度激荡起来，涌上心头。说明完这一点，我将展开与唐纳德·莫里森的讨论，在此过程中我不会自我防卫、向其描绘法国文化多么光辉灿烂，而是试图与互相歪曲、讽刺的行为划清界限。因为必须要承认的是，我自认与那些在《时代周刊》杂志的策划下反对法国文化的美国控诉者不在一个阵营，与那些法国卫道士——不管他们是老派还是现代派，是"为了所有人的文化"理念的支持者，诸如出身法兰西学术院的前任文化部长莫里斯·德吕翁，还是"所有人创造文化"理念的支持者，诸如法国文化协会会长奥利维耶·普瓦福尔·达沃尔——也不在一个阵营。《费加罗报》《自由报》等媒体在捍卫法国文化的运动中结成同盟，面对这个神圣意见联盟，我的孤独感有客观原因也有主观原因。本书就从这里开始。

第一章

我绝少触碰法美两国关系问题，因为我不是不清楚两国文化之间有着多么严重的误解。

唯一一次是二十年前，我发表了一篇关于美国的法国文学研究状况的文章，[1] 结果招致不少骂名。我在文中阐述，在文化多样性的语言层级、国家身份、政治路线以及民族自豪感的影响之下，这些研究呈现出越来越意识形态化和局限的特点。这篇文章在当时是一股逆流，很长一段时间里，人们对我骂声不断。问题在于，当一个人太长时间生活在两种文化之间，比如我就同时生活在法国和美国，那么他两边都不属于，这种距离感和讽刺性就很严重。这些年来，我见过太多法国人在纽约住了几天或者在加利福尼亚晃了一圈就写出一部颇有心得的美国研究大作——当然也见过太多住在巴黎的美国人兜售他们的蒙巴纳斯美食地图或者玛黑区美食指南——，对此我更愿保留自己的意见。

我的姓氏很法国，一看就知道祖上是平民，因循着悠久的工人阶级传统，像很多法国人一样，这个姓氏体现出现代社会阶层通过教育的上升。我教授法国文学将近三十五年，有时在法国，有时在法国以

---

[1] "法国文学在美国的式微"（« The diminishing canon of French literature in America »），《斯坦福法语评论》（*Stanford French Review*），1991年，第十五卷，第1-2页。

第二部分　兴之忧

外，有时在国民心中"具有纪念意义的场所"，比如索邦大学或者法兰西公学。但我很少认为或者很难认为自己是一个法国人。首先我不出生在法国，我母亲不是法国人，我的大部分童年和青少年时期都是在离"祖国"很远的地方度过的。希望大家不要误会，我并非借此展示自己有多么与众不同，或者告诉大家我是一个混血儿——这两种特征表明了你的身份差别，在今天，如果你来自法国南部或东部，会被这样认为。但我绝对不是这样的，除了美国，再也没有一个国家像法国这样塑造了我的人格。1962年，古巴导弹危机前夕，我搭乘"法兰西号"客轮抵达美国，开启了人生中第一次美国之行。"法兰西号"，这不只是一个名字，也是法国当时仍以实力强国自居的象征。从那以后，我不断在大西洋两岸来来回回。

1963年11月22日，肯尼迪被刺杀当天，我人在美国。当时我们一起出来吃午饭，我就读的华盛顿高中的一名同窗从汽车收音机里——学生们正在停车场泊车——听到这个消息，告诉了我们。我们在草坪上狂热地讨论着，然后被遣散、送回家。我们在大巴车上得知了政权移交的过程，副总统林登·约翰逊在肯尼迪被刺后继任总统。

2001年9月11日，我人在美国。事件发生前几天，我刚返回纽约。飞机正要降落肯尼迪国际机场，我透过舷窗望下去，纯洁无瑕的晨曦中，纽约从未如此美丽。事件当日，9点整，一个朋友从市中心打电话给我，他亲眼目睹了第一架飞机撞向北塔。我打开电视，调到国际新闻频道，看到第二架飞机正撞向另一座塔，接着，人们从窗户里跳下来，有男人，有女人，楼塌了，失联名单汇总。当晚，纽约成了一座死城。我走上麦迪逊大街，马路空荡荡的，没有一辆车，我就像一座被原子弹摧毁的城市里唯一的幸存者。

如果一个人在美国经历过肯尼迪被刺和"9·11"，如果一个人在

第一章

美国度过了青少年时期并且他的同窗们死在了越南战争，他是和别人不一样的。我没有经历过法国类似的历史事件。我记得1958年5月13日，我的母亲守着广播收听戴高乐的讲话，那是我最初的政治回忆之一。1968年5月，我待在外省封闭的寄宿学校。1981年5月10日——又是一个5月份——，我也不在法国。*

在美国，我经历了几段反法情绪高涨的荒唐时期：1965年，戴高乐宣布法国退出北大西洋公约组织；1968年，法国拒绝向开往利比亚的美国轰炸机开放途经领空；当然还有2003年，希拉克威胁将在联合国安全理事会为伊拉克战争投反对票。除了这些艰难时刻，法国和法国文化也拥有更快乐的片段，比如马尔罗为杰奎琳·肯尼迪、为美国人民带来了《蒙娜丽莎》。那个时期，艺术和高雅文化仍与奢侈品和高级定制联系紧密，没有触碰到民主主义的敏感神经。法国国立奥德翁剧院——永远是"法国的"**——年度巡演时，我打扮成马克西姆餐厅服务生的样子，戴着红色小帽，在大使馆接待处端香烟盘子。那时候，法国这个词在新大陆仍很有分量，法国有"法兰西号客轮"，有马尔罗交付给让-路易·巴罗、以法国国立剧院的名义运行的奥德翁剧院。让·热内的《屏风》（*Les Paravents*）和后来的1968年五月风暴打破了这种奢侈的享受和宁静的气氛，全国人民陷入火山爆发般的狂潮。

在此直截了当地说一句，我绝对算是个挺美派，我大部分家庭成员、包括我个人的生活都是和美国联系在一起的。然而我对美国的感

---

* 当天，法国大选结束，密特朗成为法国第一个社会党人总统，法国政局出现了重要的左倾。——译者注

** 奥德翁剧院于1983年加入"欧洲戏剧联盟"，改名为"欧洲剧院"，故作者有此说法。——译者注

第二部分　兴之忧

情肯定不会超过对法国的感情。说实话，我对美国的了解不超过东海岸的范围。我曾两次驾车穿越美国，第一次从北部，第二次从中部。我走遍大半个美国，但仅仅是途经而已，心底还是感觉在纽约待得最舒服。纽约这个城市非常不美国，大部分美国人都讨厌它，这是一个容纳了世界各地人口的国际大都会，它是欧洲的尽头，是南方挺进北方的尖端。我多少次拒绝了来自南部、西部和东部的工作邀请，尽管那里有风景如画的校园。

我不是在理想化美国。我所热爱的，是美国的《宪法》，是宪法第一修正案，是民主、各种自由和对法治的尊重。我所厌恶的，是政府的不宽容和审查，从《红字》（*La Lettre*）到麦卡锡主义，到老布什时期的"文化战争"，再到"9·11"事件和2001年10月"爱国者法案"（«USA Patriot Act»）之后对公民自由的侵犯，政治不宽容和审查行为不断冒头。

在法美政治局面的不断变化中，最煎熬的一年无疑是2002年至2003年。多事的秋天，美国方面筹备发动战争和国会选举，艰难的来年春天，美国入侵伊拉克，法国方面披着反战的外衣与美国叫板，公然反美。局势动荡时期，两国视对方为眼中钉。那个秋天的气氛极为压抑，美国舆论和媒体当时还没经历反恐战争之后施行的自我审查，但无论是《纽约时报》等开明报纸，还是《新共和》（*The New Republic*）等符合美国理念的自由刊物，都让人无法卒读。民主党担心，批评小布什的外交政策和战略布局会招致不爱国的骂声，会造成11月份选举失利，于是做缩头乌龟，默不吭声。关于大规模杀伤性武器的唯我独尊、谎话连篇的演讲，在全国滚动播放，甚至在大学校园里，你听不到别的节目。

之后我回到法国，并没有比之前更加接受其时举国一致的思想，

第一章

我应该是少数几个没有为若斯潘总理 2003 年 2 月在联合国安理会发表的演讲欢呼雀跃的法国人之一。不是因为我支持战争，也不是因为我赞成"大中东地区"的民主重组，而是因为法国威胁投反对票在外交上产生了相反效果。2003 年 3 月 20 日美国入侵伊拉克当日，我在索邦大学，刚要开始给本科生上课，一个学生问我能不能让他做一个宣讲。我同意了。他开始号召同学们去协和广场美国大使馆门口示威游行。他讲完之后，我重回讲台，劝说他们不要为支持独裁去游行，但那天的标语和随后的各种集会——除了反美，间或还有反犹太人——让我在法美两国关系最恶劣时期感到的不安更加深刻了。

从那之后，美国媒体重振旗鼓——有两个发端，一是 2004 年 4 月，《纽约客》(*New Yorker*) 揭露阿布格莱布监狱丑闻，二是《纽约时报》对入侵伊拉克的托辞、即捏造大规模杀伤性武器的内幕展开调查——，同时政界也开始反省。美国又恢复了理智，尽管它无法立时从伊拉克战争中走出来，国际形象一直欠佳。但美国社会和政体再次证明了它自我调控的能力。我为何赞赏和接受美国对法国文化的批评，这个背景实在无法在一时半刻之内交代完全。

第二章

我之所以没有料到唐纳德·莫里森的文章激起这么大反响的第二个原因可能更客观一些,那就是在我看来,他对文学、电影和造型艺术下的诊断书大体是正确的,只不过有一些值得批驳的缺漏,尤其是关于法国音乐人或建筑师在海外取得的成就。莫里森无非是重新调用了法国国内已经公布的数据,其中很多数据还是来自官方报告。当然,我并没注意到那期杂志的封面用了哑剧演员马索一张愁眉苦脸的照片,因为我是在网上读到这篇文章的。

我当时倒是刚刚读完理查德·米耶的薄书《文学的幻灭》(*Désenchantement de la littérature*)(伽利玛出版社,2007年),这本书对法国文学的批判绝对不客气得多。理查德·米耶在接受采访时回答:"我逐渐明白到自己生活在一个已经死掉的国家。"他接着解释说,这个死掉的国家是一个"作为文学国度和普世国度的法国"。[1] 唐纳德·莫里森的文章都没有如此直白的评价。不过米耶也遭受了舆论炮轰,人们认为他就算不是个叛国小人,至少也是名卑鄙的反动分子。

法国文化部文化保护相关事务前国务委员玛丽沃纳·德·圣-普

---

[1] 雅克·德·吉耶蓬(Jacques de Guillebon),"理查德·米耶:'幻灭或宽恕'"(« Richard Millet:"Le désenchantement ou la grâce" »),《舟》(*La Nef*),2007年11月刊,第187页。

第二部分 兴之忧

尔让（Maryvonne de Saint-Pulgent）的态度相对缓和、更为理性，但也更令人生畏，她在刚刚举行的一次研讨会上表示，法国文化自旧制度到大革命一直作为国家实力的标志，之后成为国家实力的替代品，今后它连这种安慰性的角色都将丧失。她认为："两次世界大战后，法国的经济实力和军事实力被削弱，我们在海外进行文化活动的部门却随之发展。"[1] 在她看来，这也解释了当今法国人的民族自豪感为何掩藏在捍卫法国文化的行为背后，因为"公众认为，任何对法国文化的攻击都是对国家本身的攻击"。圣-普尔让对此无可奈何，但她承认"无可争议的是，法国的国际影响力正在衰退，更为区域性，而非全球性"。

理查德·米耶和玛丽沃纳·德·圣-普尔让的观点并不孤立，恰恰相反，法国的衰落近年来成为巴黎学界的热门课题。经济衰落、工业衰落、外交衰落、文化衰落和文学衰退，各式各样的衰退任君挑选。尼古拉·巴瓦雷（Nicolas Baverez）的两部畅销书《三十个可怜女人》(*Les Trente Piteuses*)（弗拉马利翁出版社，1997年）和《法国陨落——关于法国衰退的诊断报告》(*La France qui tombe — Un constat clinique du déclin français*)（佩兰出版社，2003年）很快就因为层出不穷的相关著作而退出流行了。从马克·弗马洛利（Marc Fumaroli）的《文化之国——论一种现代宗教》(*L'État culturel — Essai sur une religion moderne*)（法卢瓦出版社，1991年）和米歇尔·施耐德（Michel Schneider）的《文化的喜剧》(*La Comédie de la culture*)（色伊出版社，1993年）开始，为法国文化和文学敲响警钟的作品比比皆是。以上两本著作严厉批判了雅克·朗推行的法国文化政策导致的煽动性倾向，认为"所有

---

[1] 玛丽沃纳·德·圣-普尔让，"法国，文化强国？"（« La France, puissance culturelle? »），巴塞尔法国研究协会上的发言，2007年9月17日。

第二章

人创造文化"取代了"为了所有人的文化";"文化民主"战胜了"文化民主化"。也就是说,马克·弗马洛利和米歇尔·施耐德等人,其中包括《思想的失败》(*La Défaite de la pensée*)(伽利玛出版社,1987年)的作者阿兰·芬凯尔克劳特,在将近二十年前就已经指出法国文化遭遇的困境——法国人不再读书,公众不再去高端文化场所,文化多样性的推广,文化财富的商业化,消费文化的胜利——,同时认为这种困境与马尔罗和雅克·朗施行的文化政策有关。

更有法国特点的一件事是2004年3月《摇滚不朽》杂志(*Les Inrockuptibles*)发起的"对抗反知识战争的号召",当时为数众多的知识界和文化界人士签名反对让-皮埃尔·拉法兰(Jean-Pierre Raffarin)内阁和右翼,指责他们"蔑视知识",对文化事业没有任何抱负心,谴责他们在文化方面采取的"随波逐流政策"(我也收到了邀请,但我没有在请愿书上签字,因为宣称自己属于知识界人士对我来说有些可疑,并且这让我不由得想起1919年莫拉斯追随者亨利·马西斯(Henri Massis)提出的"知识党"宣言)。

2007年总统大选期间,文化并没有受到多少关注,尽管2006年秋出版了多部聚焦文化政策危机的作品,诸如弗朗索瓦·本哈默(Françoise Benhamou)的《文化例外的失调》(*Les Dérèglements de l'exception culturelle*)(色伊出版社)和《争鸣》(*Débat*)杂志出版的一份资料汇编(2006年11月至12月)。这份资料名为"文化要什么样的政策?",收集了雅克·朗、马克·弗马洛利、玛丽沃纳·德·圣-普尔让和菲利普·乌法力诺(Philippe Urfalino)对文化社会学家娜塔莉·海涅克(Nathalie Heinich)一篇文章的回应——海涅克在文章中批评了"文化折衷"、政府官员和其他政府机构,认为这些机构"权力范围过大,却不谋其政",对多样性艺术创作的管理仅仅界于内行

第二部分　兴之忧

和无知。

之后不断涌现了大批著作，其中包括安托万·德巴克（Antoine de Baecque）的《法国文化危机》（*Crises dans la culture française*）（巴雅尔出版社，2008年）、阿兰·布洛萨（Alain Brossat）的《文化大恶心》（*Le Grand Dégoût culturel*）（2008年，色伊出版社）以及雷诺·加缪（Renaud Camus）的《文化大消亡》（*La Grande Déculturation*）（法雅尔出版社，2008年）。无论左派还是右派，人们谈来谈去都是那些论调："文化实践的下滑"、"文化民主化的失败"、"文化碎片"、"文化区"。[1] 还有人更阴险地提到"'真正的'法国文化的主导地位"在越来越多元化的社会的终结。关于法国文化在海外的影响，人们则讨论"文化身份的破灭"、"翻译作品的贬值"、"法国在欧盟机构和国际组织中的溃退"、"法语教学在海外的衰退"。[2] 2008年3月的欧洲歌唱大赛，法国选手塞巴斯蒂安·戴利埃（Sébastien Tellier）凭借一首英文歌曲《女神》（*Divine*）进入决赛，法国上下一片哗然，国会议员、国务秘书以及法语国家人士均对此表示震惊，但人们的怒气很快就平复了，因为值得生气的事还有很多，5月份举行的颁奖晚会没掀起什么大风大浪，法语歌曲也没拿到什么奖。[3]

法语教学在世界范围的衰退最直接的影响，就是外国留学生人数的下降：2005年，留学生人数为25万，与1985年持平，而在1997年至1998年，人数跌至13万。另外一组数据会让唐纳德·莫里森原已

---

[1] 这种观点并不新鲜，参看奥利维埃·多纳（Olivier Donnat）、德尼斯·高纽（Denis Cogneau），《1973年至1989年法国人的文化实践》（*Les Pratiques culturelles des Français, 1973-1989*），发现出版社/法国文献局，1990年。

[2] 参看雅克·巴拉（Jacques Barrat），《法语区地缘政治学》（*Géopolitique de la francophonie*），法国大学出版社，1997年。

[3] 参看贝努瓦·杜德尔特（Benoît Duteurtre），"假如法国用英语唱歌……"（« Si la France chante en anglais... »），《费加罗报》，2008年5月23日。

第二章

悲惨的调查结果更为悲惨,在全球教育培训市场不断扩大的同时,以法国为留学目标国家的海外大学生仅占总数的9%,远低于美国(30%)、英国(14%)、德国(12%)和澳大利亚(10%)。[1]

唐纳德·莫里森还提到法国造型艺术家低迷的市场行情,事实上这也不是什么新发现,2001年,菲利普·达让(Philippe Dagen)写过一篇忧心忡忡的文章,标题为"法国艺术退出世界舞台",[2] 文章解释了法国外交部委托社会学家针对法国艺术家在国际舞台的地位进行的一份调查。根据内阁专家顾问阿兰·格曼的看法,"法国当代艺术家不仅很少列入国际大型博物馆的常驻藏品——收藏集中于几个国家(主要是美国和德国)——,甚至也无法在短期展览中展出,考察的时期越近,这种现象越明显。"也就是说,情况没有好转,反而每况愈下。法国艺术家在国际艺术展和公开销售中也表现很差。菲利普·达让总结道:"总体来说,法国当代艺术从数据上位列第四,与意大利艺术水平相当,法国被美国和德国完全碾压,这两个国家至少占市场份额的三分之二。英国无法与强国竞争,体面地排在世界第三的位置。"弗马洛利、施耐德等学者指出,法国政府将文化视为一项公共部门,这种政策产生了恶劣影响:"19家法国画廊依靠政府资助参加了2000年巴塞尔艺术展——从市场的角度看,这已经是一种畸态——,但它们在展台以及画册中介绍的外国艺术家比法国艺术家还多。"

唐纳德·莫里森的文章并没有比现实更残酷,而且到了2001年,情况更糟了。2007年秋,阿兰·格曼在评价最新一期《艺术指南》

---

1 《关于外国留学生人数的信息报告——大学,法国国际竞争力的关键》(Rapport d'information [...] sur l'accueil des étudiants étrangers—L'Université, un enjeu international pour la France),法国参议院2005年6月30日446号文件。

2 《世界报》,2001年6月8日。

111

第二部分 兴之忧

(*Kunst Kompass*) 的调查结果时,审慎地回到了责任问题上:"克丽丝汀·阿尔巴奈尔宣布了一项挽救法国艺术市场的计划,她承认'市场的萎缩无可否认'。文化部长的论调几乎是间接承认了这个事实。"[1]

至于文学界,每个季度都有一部新的作品出来扫兴:威廉·马克思(William Marx)的《永别了文学》(*L'Adieu à la littérature*)(午夜出版社,2005 年)、多米尼克·曼格诺(Dominique Maingueneau)的《反对神圣的普鲁斯特:文学的终结》(*Contre saint Proust, ou la fin de la littérature*)(贝林出版社,2006 年)、茨维坦·托多洛夫(Tzvetan Todorov)的《危难中的文学》(*La Littérature en péril*)(弗拉马里翁出版社,2007 年),以及理查德·米耶、阿兰·芬凯尔克劳特、雷诺·加缪等,人人都重申,20 世纪 60 年代和 70 年代的形式主义理论和虚无主义理论让法国小说变得贫瘠,仿佛文学还没强大到足以独自死去,仿佛理论并不从属于文学。

这样看来,对文学的哀叹,对衰落现状的悲鸣,似乎成为一种法国特色,我在别的国家没有见过类似情况。这让人想起 1830 年 8 月 7 日,夏多布里昂(Chateaubriand)在上议院厉声拒绝对路易·菲利普(Louis-Philippe)效忠之后写下的"无用的卡桑德拉"(« Inutile Cassandre »),以及一些美丽的诗句,比如波德莱尔在第二卷《巴黎的忧郁》(*Spleen*)中写道:

　　老斯芬克斯被无忧的世界遗忘,

---

[1] 阿兰·格曼,"60 年代之后,是美国人书写了艺术史"(« Depuis les années 60, ce sont les Américains qui écrivent les pages de l'histoire de l'art »),《影视周刊》(*Télérama*),2007 年 10 月 21 日。

第二章

> 地图上寻不到他的踪迹，他只得怀着愤世的心
> 在夕照的余晖中吟唱。

法国人一贯有这样的传统，喜好扮演预言灾祸的先知、为文化哭丧的哀妇。我们沉浸于"罪之乐感"*，想象思想将要坍塌，将其作为我们最熟知的灵感来源。我们哀叹高端文化的凋敝，哀叹艺术民主化的失利，哀叹教育体系的衰败，哀叹大众文化和娱乐产业的侵袭。没有哪一个国家如此痴迷于讨论自己语言的失势。面对受英语影响的新国际通用语的统辖，面对全球文化产业强国，面对文化多样性和族群多样化诉求，每一个国家——包括英语国家——都遭遇着同样的本国文化危机。然而，无论在欧洲其他国家还是美国，没有人像我们这般，让衰落饱含着诗意。

但这诗意，你休想动它一根汗毛！它成就了我们的伟大，它曾经只属于我们，以后也将只属于我们。就让这首天鹅之歌成为我们最后的特权吧！在痛苦中，我们请求这一高尚之举，就是由我们自己宣布自己的末日！唐纳德·莫里森的话我们早已知晓，三十几年来，无数文章、电视节目和论文无休无止地重复着。1968年五月风暴本就是我们法国人自己的消遣活动。自己人之间百无禁忌，但家务事不容他人插手，当一个外人妄图对我们指手画脚，当这个预言灾祸的先知来自异邦，尤其来自亦敌亦友、被视为我们征服世界唯一对手的美国，人们的沙文主义甚至狂热民族主义反应才会如此激烈。兵临城下，任何一个可疑人员都变成了反法分子，人们集合起来，在危机局势中筑起双重防线。

---

* délectation morose，天主教会说法，意为沉湎于曾经犯下的过错，从中感受快乐。——译者注

第二部分　兴之忧

但不管怎样，这种几乎一致的反应也有好处，比如上海在 2003 年发布世界一流大学排名的时候。多少年来，法国各界人士一直在抨击法国公立大学平庸的教学水平、捉襟见肘的财务状况以及毫无抱负的学术追求。直到外国大学来揭开我国惨败的真相，国内舆论和政界才最终意识到，改革刻不容缓。当我们关起门来说，国王什么都没穿，仿佛只是做做样子。别人不相信我们，恐怕我们在心底也不相信我们自己，按照以前的"双重真理"论：我们在自己人之间到处宣扬法国的衰退时，这在某种程度上属于一种法术般的意念，以为只要用手指一下，衰退的影响就会消失不见。在法国每年出版的为文化大唱哀歌的作品中，人们一直在高喊"着火啦！"，结果到了文化这座房子真的着起火来，再也没人愿意听了。

而唐纳德·莫里森的控诉书不幸没有达到与上海的大学排行榜同样的效果。首先，后者之所以令人如此震惊，是因为它不仅挫败了我们可怜的公立大学，同时也挫败了我们的心头宝——为我们的决策者选拔人才的了不起的精英大学。第二个原因，这份排名诞生于 2000 年里斯本会议之后，会议提出目标，争取"在 2010 年前使欧盟成为世界最具竞争力、最具活力的知识经济体"。文化没有得到这样一个战略目标，因为欧盟没有估计到文化对经济活动的贡献，我国的政经精英们也没有领会到文化是私营部门和公共部门成功的一个条件。祭祀之舞跳了几个礼拜，高烧退去了。人们更在意体温计，却不严肃对待病痛本身，于是各归各位地散掉了。假如唐纳德·莫里森的文章不是发表在一份美国杂志而是在中国香港的《南华早报》上，或许能产生更大、更持久的影响吧。

第三章

唐纳德·莫里森顶着冒犯我们的风险，坚定地将法国文化列为世界中游水平，与我们的中等经济实力相称。全世界有 8000 万左右人口以法语为母语，1.28 亿人口以其为第二语言或第三语言，法语的使用人数在世界排名仅为第 8 位，甚至第 12 位，[1] 正如我们的国内生产总值在全球排第 6 位，但人均水平排第 17 位。然而，我们一直声称经济强国和文化强国没有底蕴，法国历史悠久的文化传统则对其国际影响力具有无以复加的效果。马克·弗马洛利（Marc Fumaroli）在《那时欧洲说法语》(*Quand l'Europe parlait français*)（法卢瓦出版社，2001 年）一书中骄傲地描述了启蒙时期的盛世，与其凄风惨雨的《文化之国》(*État culturel*) 形成鲜明对比，他还指出法语一直是国际通用外交语言，直至《凡尔赛条约》(Versailles) 的签订。虽然法语仍是国际组织的官方语言，但越来越让位于英语，不仅在欧盟和世界贸易组织，在各个欧盟机构也是如此。[2] 最后一点，法语在互联网的地位令人担忧，包括国家持股的法国企业官网也是如此，比如泰雷兹集团和空中

---

[1] 《世界法语人口，2006-2007》(*La Francophonie dans le monde*, 2006-2007)，纳当出版社，2007 年。

[2] 参看伊莎贝尔·维什尼亚克（Isabelle Vichniac），"法语在欧盟机构中的溃退"（« Débâcle de la francophonie dans les instances onusiennes »），《世界报》，1998 年 12 月 19 日；另外参看法语国家组织的《活动报告，2004-2006》(*Rapport d'activités*, 2004-2006)。

第二部分　兴之忧

客车公司。

法国人似乎一直以为尽管他们的国力甚至语言在衰落,但他们的文化在国际上仍保有无法企及的地位。2007年秋,法国音乐家,比如纳塔利·德赛(Natalie Dessay)、皮埃尔·布雷和皮埃尔-洛朗·艾马尔(Pierre-Laurent Aimard),在纽约音乐季全面开花。2008年春,法国在博物馆展览季又风光了一把,美国大都会艺术博物馆举办了两次前所未有的展览,因为同一个博物馆很少两次达到如此水准,一次关于普桑,一次关于库尔贝。但是文化遗产的声誉,放在所谓活着的文化身上,就不那么适用了。大都会艺术博物馆举办的第三次展览同样大获成功,这次展出了贾思培·琼斯(Jasper Johns)的灰色单色画,我们恐怕找不到一位法国当代艺术家可以与之齐名。

四年前,法美基金会将年度翻译奖(我于十二年前开始担任评委)颁给了雅克·德·拉克雷泰勒(Jacques de Lacretelle)的《希伯尔曼》(*Silbermann*)一书的译者,这本书篇幅很短,却很有力量,描述了1922年一名高中生对世纪之交反犹太主义的揭露。我们之所以把奖项颁给这部作品,不是因为找不到其他更细腻的译作,而是在提交给评委会的译作中,我们找不到内容足够充实的当代作品。两年前,也就是2006年,我们将奖项颁给了伊莱娜·内米洛夫斯基(Irène Némirovsky)的《法兰西组曲》(*Suite française*)。这部遗著可以算得上一部成功作品,它在2004年获得了雷诺多文学奖,作者1942年死于奥斯维辛集中营、其手稿60年后被人发现的传奇故事打动了美国读者(这部小说连续102周登上《纽约时报》畅销书榜)。但这不是打动我的地方,毕竟小说的写作风格已经过时了,但每个文学回归季最新出版的7部到800部法国小说当中,被译介到美国出版的数量不到12部,其中大部分都是在法国国家图书中心、法国大使馆文化机构和佛

第三章

罗伦萨古尔德基金会的资助下，由营利性质的大学出版社出版的，这不禁让人思考为什么是这些作品，而不是其他的。几乎每一年我们都会陷入两难的境地，在巴尔扎克、司汤达、普鲁斯特的新译本和无关紧要的当代小说译本中难以抉择。幸运的是，在2008年的今天，让·艾什诺兹（Jean Echenoz）的《拉威尔》（Ravel）终于给我们解了围，这是作者第七部翻译成英语的小说，也是同一家出版社出版的第三部小说；艾什诺兹在美国拥有忠实的读者，他本人也多次访问美国。

其他艺术形式的输出情况也不太乐观，包括法国全力捍卫的电影，并不比音乐或绘画的状况好多少。诚然，玛丽昂·歌迪亚在2008年凭借电影《玫瑰人生》（La Môme）中伊迪丝·琵雅芙一角荣获奥斯卡最佳女主角，但她只不过是继西蒙·西涅莱（Simone Signoret）之后第二位在同一奖项获得好莱坞小金人的女演员，也是继索菲亚·罗兰之后第二位用英语之外的语言进行表演而获奖的女演员，同时也是第一位用法语表演而获奖的女演员。2007年2月歌迪亚对"9·11"事件背后阴谋表示质疑的言论被人发现，这对她的星途有所打击也是事实。之后，劳伦·冈泰（Laurent Cantet）执导的关于教育体系多样性的、非常政治正确的《课堂风云》（Entre les murs）荣获金棕榈奖，这是戛纳电影节继1987年之后第二次将此奖项颁发给一部法国影片。还是在2008年春，让·努维尔荣获普利兹克奖，他是1979年奖项创办以来第二位获此殊荣的法国建筑设计师。

罗列获奖名单没有太大意义，法国当代文学思想在美名远扬的时期不需要靠奖项衬托自己。那个时期离现在不太远，不必向前追溯过多，出生于1870年左右的"现代经典"一代——纪德、瓦莱里、克洛岱尔和普鲁斯特——使法国文学创作得以延续。存在主义、新小说、结构主义和后结构主义相继出现，它们通常先在海外，尤其在美国获得

第二部分　兴之忧

声名，然后回到法国，以这种迂回的方式在国内树立威望。有一种观点认为，思想理论是源自于旧世界的最后一个先锋事物，之后新大陆拿下接力棒，正如艺术市场借"二战"的契机从巴黎转移到了纽约。

还有些人宣称处于衰退地位的不只是法国文学，欧洲其他国家的文学在国际市场中的情形不比法国更好，也经历了不堪回首的历史。人们大可以这样自我安慰，但这种说法是否确切，我不确定。举个例子，长期以来没有一部法国小说获得的成功能够比肩本哈德·施林克（Bernhard Schlink）的《朗读者》(*Le Liseur*)，[1] 这本书被选入奥普拉读书俱乐部——奥普拉·温弗莉（Oprah Winfrey）是美国最有影响力的脱口秀节目的主持人——，并且成为第一部荣登《纽约时报》畅销书榜首的德国小说。同一时期，W. G. 塞巴尔德（W. G. Sebald）的作品，尤其是《移民》(*Les Émigrants*)[2] 和《奥斯特利茨》(*Austerlitz*)，[3] 也是先在美国成名，之后才蜚声以法国为主的其他国家。

以上只是几个例子，商业上的成功并不能证明作品本身的价值——莫里斯·德吕翁和奥利维耶·普瓦福尔就是这样提醒一位混淆了艺术和金钱的美国记者的——，但是这些例子同时也说明，法国面临的困境具有某些独特性。当然，没人说这种衰退会一直持续，或许它在某一天会有所好转。《潜水钟与蝴蝶》(*Le Scaphandre et le Papillon*)（罗贝尔·拉封出版社，1997年）不是一部小说，而是讲述了多米尼克·鲍比（Jean-Dominique Bauby）突发性血管疾病陷入深度昏迷、身体机能遭到严重损坏后用眼皮与世界交流的生命之书。该作品在美国

---

[1] 本哈德·施林克，《朗读者》，法语版译自德语版 *Der Vorleser*, Zurich, Diogenes, 1995，译者为贝尔纳·洛托拉里（Bernard Lortholary），伽利玛出版社，1996年。

[2] W. G. 塞堡德，《移民》，法语版译自德语版 *Die Ausgewanderten*, Francfort, Eichborn, 1993，译者为帕特里克·夏尔博诺（Patrick Charbonneau），南方文献出版社，1999年。

[3] W. G. 塞堡德，《奥斯特利茨》法语版译自德语版 *Austerlitz*, Munich, Hanser, 2001，译者为帕特里克·夏尔博诺，南方文献出版社，2002年。

第三章

翻译出版后感动了大批读者，2007年，导演朱利安·施纳贝尔（Julian Schnabel）刚刚将作品搬上荧幕，主演为马修·阿马立克（Mathieu Amalric），影片在大西洋彼岸获得巨大成功。

简而言之，法国文化在海外的影响力是与法国在世界上的地缘政治地位及其对外贸易相关的。文化甚至导致了我国的财政赤字，与曾经的状况相反，如今法国的文化产品进口量远大于出口量。[1] 退居次要地位的国家并非只有法国，但各文化的重新平衡以机械的数据呈现出来时，给我们带来的震动格外强烈：在法国文化影响力式微的同时，欧洲邻国诸如意大利和西班牙的文化衰退变得更为明显，我们眼睁睁地看着自己曾经辉煌的文化如饥馁的皮肉般萎缩下去。

全球化背景下，本国文化似乎已无法再产生国际范围的影响。况且，还存在本国文化吗？路易丝·布尔乔亚（Louise Bourgeois）在纽约生活七十余年，她算是一名法国艺术家吗？全世界已经有越来越多的路易丝·布尔乔亚，他们是生活在异国他乡的法国艺术家，他们创作的地点可能在纽约，也可能在伦敦、柏林或东京，并且他们自认过得比在巴黎时要好。"法国文化"一词若还有些微意义，它在今后的含义也大异于前了。法国比其他任何国家都更愿意继续将文化与国家视为一个整体，因此它更看重本国文化在由各国文化交织而成的世界网络中的传播情况。这样的局势已经不可逆转，但它成为让法国人感到格外困扰的原因之一。

---

[1] 《1994—2003年特定文化产品和服务的国际流通情况——国际文化贸易流通的定义和数据获取》（*Échanges internationaux d'une sélection de biens et services culturels, 1994–2003-Définir et évaluer le flux du commerce culturel mondial*），联合国教科文组织统计研究所，蒙特利尔，2005年。

第四章

唐纳德·莫里森试图从当代法国文化得到国家预算并且成为一个公共部门的角度，解释其面临的困境，他因循的是目前业已公认的观点。这是马克·弗马洛利在《文化国家》中提出的观点，并得到广泛认同。法国文化之所以衰落，并不是缺乏而是恰恰归咎于比例失调的国家预算（2007 年，单单一个文化部就得到 30 亿欧元预算，相当于 1959 年以来预算总额的十倍；2007 年，法国文化机构共计 2.2 万所，相当于司法部职位数量的 30%；人均国家直接资助额为 208 欧元，英国为 120 欧元，美国的可忽略不计）。法国文化的生存大大依赖于国家资助和省市、地方政府资助，按照多米尼克·什纳贝尔（Dominique Schnapper）的说法，这是一个"文化的福利国家",[1] 但是这也解释了为何它产生的影响仅限于国内。国家资助下的文化扼制了个人创新和进取精神，扼杀了思想领域和人才市场必不可少的竞争意识。国家资助令法国文化能够在国内勉强支撑，却无力应对全球市场。

最有说服力的例子是法国电影，它是仅次于好莱坞的世界第二大电影市场，生存状况优于其他欧洲国家。但是法国电影无论制作成本大小，大部分都针对国内市场和电视频道，仅有十分之一能够输出到

---

[1] 多米尼克·什纳贝尔，"从福利国家到文化民主制"（« De l'État-providence à la démocratie culturelle »），《评论》（Commentaire），1994–1995 年冬季刊，第 68 页。

第二部分　兴之忧

海外——甚至是在一些法语国家（不到 50% 的法国电影能够出口到比利时，不到 25% 的出口到加拿大），更令人沮丧的是，受戛纳电影节历史角色的影响，法国电影出口公司占全球作者电影市场 80% 的份额。

以电影导演帕斯卡尔·费兰（Pascale Ferran）为核心的电影人独立组织"十三人俱乐部"（le Club des 13）于 2008 年公布了一份更为严峻的报告，报告批判了法国国家电影中心和文化部的政策，并提到：电影质量下降，大制作和小成本电影的两极分化日益严重，人才断代，电影日益商品化，电影资助体系产生了恶劣影响。[1] 因此"法国电影的产量过剩和一大批作品平庸的质量危害了那些最优秀法国电影在全球市场的投放……二十年前，一个外国观众观看法国电影是因为这有意无意地代表了一种脱俗的文化行为，很不幸，这种情况已经不复存在了。"当然我们可以举出很多反例，但是只有一小部分法国电影能够在美国获得成功——比如《玫瑰人生》，但观众更感兴趣的是琵雅芙的传奇人生而非奥利维耶·达昂的导演才能——，整体来说，它的市场份额在海外市场呈下降趋势。

法国对临时演员予以补助的政策是文化作为公共部门的典型结果，即使在 2003 年改革之后，法国仍是全世界唯一执行这种政策的国家，显得格格不入。美国演员属于自由工作者，他们要么过得比较滋润，要么就得去餐馆当服务生维持生计——他们会接零活儿，会"月光"，但他们的主要收入来自于这些零活儿——，而他们的法国同行如果在之前的 10 个月内工作了 507 个小时，之后失业达 8 个月，还可以领取一份失业保险。这足以令唐纳德·莫里森和其他评论家相信，恰恰是

1　十三人俱乐部，《折中不再是桥梁而是缺陷》（*Le milieu n'est plus un pont mais une faille*），斯多克出版社，2008 年。

第四章

国家资助、政策红利和社会福利保障阻碍了法国文化的创造力。

我们曾经拥有很多了不起的艺术家,比如琵雅芙、内米洛夫斯基、普桑、库尔贝,甚至布雷,但法国政府的财政资助扼杀的是当代的文化和艺术创作。尽管这种观点可以吸引最坚定的自由派,但它并非不可辩驳。首先,与其他欧洲国家一样,法国总的文化预算非常难以估计。这种困难在美国尤为明显,因为美国的文化预算不仅包含联邦政府,还包括州政府和市政府的拨款,同时它主要依赖于大部分非商业活动以及非营利团体——比如中小学和大学——享有的税项豁免,这项政策使上述团体免于纳税,同时可以接受捐赠,而这些捐赠本身也是享有税项减免的。美国文化得到了税项减免政策的支持,其预算总额显然并不低于法国的人均文化公共支出,这与弗雷德里克·马特尔的优秀著作《论美国的文化》中的观点是相符的。

然而,美国尽管在文化预算总额上与法国接近,但它拥有一个巨大的优点:它在税项豁免的过程中几乎不给行政干预留任何空间,因为也将美国的文化艺术从国家的政策调控中解救了出来。当然人们会说冷战初期美国国务院和中央情报局曾在欧洲大力推广抽象表现主义,塞尔日·居尔博特(Serge Guilbaut)在一项关于1945年后艺术市场由巴黎转向纽约的调查中就提到了这一点。[1] 尽管美国国家艺术基金会(NEA)在文化预算上的贡献不大,但它在美国20世纪80年代末的"文化战争"中的丑陋行径为这场运动起到了推波助澜的作用,比如批判罗伯特·梅普尔索普(Robert Mapplethorpe)的摄影作品为色情摄影以及安德里斯·塞拉诺(Andres Serrano)的摄影作品亵渎了宗教。

---

[1] 塞尔日·居尔博特,《纽约如何盗窃现代艺术的观念——抽象表现主义、自由和冷战》(*Comment New York vola l'idée d'art moderne—Expressionnisme abstrait, liberté et guerre froide*),杰奎琳·尚蓬出版社,1988年。

第二部分　兴之忧

另一方面，美国虽然在文化方面简政放权，但实质上将行政权力转移到了其他以基金会为主的文化斡旋部门身上。而随着近年来日益昌盛的官僚主义和愈加复杂的税务法规，这些基金会如今几乎已经和法国公共部门一样冗余了。

此外，美国私立基金会近三十年来都在施行一种由意识形态决定的文化政策甚至是文化革命，这同法国文化部的做法别无二致。法国当代文化审查者遵循现行体制，大力推进精英文化的共和主义民主化——马尔罗和各文化机构的目标——，向多族群文化平等的文化民主制——雅克·朗的方针——过渡。然而弗雷德里克·马特尔关于美国文化的著作恰好提醒了我们——从法国人视角来看，我认为这是本书最大的贡献——，在美国，文化多样性的意识形态代替文化民主化的意识形态发生在 1981 年之前，尤其是从福特基金会于 20 世纪 60 年代末启动社会改良计划开始。吉米·卡特政府（1977—1981）将推动各族群发展作为实现另一个城市政策的工具，促进了这一改革进程，抛弃了从罗斯福新政开始直到林登·约翰逊的"大社会"政策一直延续的政府干预的民主计划。弗雷德里克·马特尔认为——当然这是我从他的分析中总结出来的——，法国尽管经历了 1968 年五月风暴以及由此产生的各种社会动荡，但它在 1981 年与美国一直全力推广的文化多样性仍有很大差距。而且美国的私立基金对高端文化机构的民主化（全民享受博物馆、图书馆、歌剧、交响乐、戏剧和舞蹈）和少数族群——尤其是黑人街区和大都市中的贫民区——的文化活动都予以慷慨的资助。

简而言之，在文化多样性和各族群文化平等方面，法国的文化政策在 1981 年之后才开始追赶与美国的差距。1969 年至 1981 年蓬皮杜总统和德斯坦总统当政时期，历任文化部长在位时间短暂，满足于维

第四章

持现状,直到雅克·朗上任,推行了一次庞大的社会运动。同样是在20世纪70年代和80年代,当时还没有设立文化部的西德施行以辅从性原则——文化项目由市政府资助,由联邦和州政府补充——为基础的文化资助体制,也开始打破现状,推广族群文化,注重文化多样性。首先,在德国社会民主党和绿党领导的市镇和乡村地区,社会文化规划项目和附近的文化中心开始推广"底层文化",接着,在基督教民主党赫尔穆特·科尔总理的推进下,"社会文化"被纳入联邦政府的方针政策中。[1] 因此,在20世纪80年代的法国、德国和英国,无论执政党属于哪个派别,欧洲的文化政策呈现出显著的一致性。

我们能够就此得出结论说20世纪80年代的法国文化革命毫无原创性吗?当然不能,但对于马尔罗和雅克·朗之间的政策断层的关注让人们误解了精英们的罪恶感——当时我们还不叫"忏悔的义务"——,也误解了他们对于民主化的挫败感——当时我们也没称其为"社会直升梯"的失灵,为了民主化我们在公共部门和私人部门进行了各方面的文化政策改革,强硬地推广文化多样性。文化多样性这个词直到20世纪90年代才在法国流行起来,比其他地方都晚。

过去我们一直捍卫"文化例外",1993年关贸总协定的谈判前夕,雅克·德洛尔(Jacques Delors)精辟地总结道:"文化不同于其他事物,它不是一种商品。"当时法国通过欧盟委员会成功地让人们承认了"文化例外"原则,以抵御美国影音产品的"入侵",同时获准采取国家层面和欧共体层面的资助政策。尽管不是每一个欧洲国家都支

---

[1] 见帕斯卡尔·拉博里耶(Pascale Laborier),"联邦德国的'社会文化'。从政治利害到一种公共干预的制度化"(« La Soziokultur en RFA. D'un enjeu politique à l'institutionnalisation d'une catégorie d'intervention publique »),文森·杜波瓦(Vincent Dubois)指导,《地方政策和文化筹码——争端下的乡村,19—20世纪》(*Politiques locales et enjeux culturels—Les Clochers d'une querelle*, XIXe–XXe siècles),文化部历史委员会/法国文献局,1998年。

第二部分 兴之忧

持这一原则，但欧委会并没有提出影音产业自由化方面的提案。"文化例外"原则没有解决任何问题，于是在1999年西雅图举行的世贸组织谈判中，欧委会为了以自由竞争精神对抗好莱坞事实上的垄断，用"文化多样性"原则替代了态度过于防御和保护主义的"文化例外"原则。文化多样性原则符合身份归属政策中的多元文化主义理念，成为欧盟在文化领域的信条，法国选择了服从，只不过它是最后一个表示服从的国家。

美国娱乐业将文化多样性当作延续自身全球垄断地位的最后一招诡计，这是事实，但美国已经用滥了的、雅克·朗不懈推行——最初的举动之一是1981年拒绝参加多维尔美国电影节——的文化多样性也表现出某种防御性，在大西洋彼岸，文化多样性已经成为一种在国际市场上具有吸引力的产品：拉美市场发行的音乐有一大部分都是在美国制作的，古巴、西班牙和葡萄牙等市场也是如此，因为这种多文化融合的背景能够增加销量，就像广告可以增加班尼顿集团的服装销量一样。

这一切就支持了贝尔纳-亨利·列维（Bernard-Henri Lévy）在伦敦《卫报》策划的论坛栏目发表的观点，他从唐纳德·莫里森对法国文化发出的警报中首先看出，美国人面临多元文化主义和多文化融合时为自己的文化的未来感到焦虑。他把球又踢回给美国人："法国隐喻了美国。对法国的敌视就像把自己不敢言明的恐慌转移到别人身上。"[1] 时至今日，美国的旧文化似乎在勉力抵抗着文化多样性势头的上扬，在20世纪80年代末的文化战争之后，在各大高校为了课文经

---

[1] 贝尔纳-亨利·列维，"美国谈论法国文化之死更像在说他们自己而不是我们"（"American talk of the death French culture says more about them than us"），《卫报》，2007年12月8日。

典争论不休——是否支持拿掉圣奥古斯丁（Augustin）的《忏悔录》（*Confessions*），换成《我，里戈韦塔·门楚》（*Moi, Rigoberta Menchu*）——之后，似乎无论什么都可以在美国文化界和学术界拥有一席之地。一边是公民人文主义和"三大男高音"的照常营业，另一边是后殖民主义和全球化全面开花。

不过，我之前有一天带了两位刚从纽约过来的朋友去普莱耶尔音乐厅听一场巴洛克音乐独奏会，她们提醒我注意到了一个现象——我虽然经常来这里，但并没有注意到这个现象——，就是这里的观众比卡耐基音乐厅或纽约爱乐乐团演出现场的观众要年轻得多，人群构成要丰富得多。美国慈善家曾经竭力普及的欧洲文化现在成为一种老年人文化。这令人感到鼓舞，毕竟老年人越来越多——用流行的委婉表达，是"高龄人士"越来越多——，但也令人感到忧虑。因为没人能保证这些"年轻的成年人"——这也是现在流行的代用语——上了年纪之后会用他们免税的捐助金继续支持欧洲文化。美国广播公司、哥伦比亚广播公司和美国全国广播公司等老牌电视公司为将来担忧是有道理的，因为那些整天挂在互联网上的美国年轻人的文化消费模式已经在转变，他们更偏爱纽约大都会艺术博物馆慈善舞会、现代艺术博物馆以及圣塔菲室内音乐节。

第五章

莫里斯·德吕翁在《费加罗报》发文回击唐纳德·莫里森，指出后者是典型的美国人思维，将文化和娱乐混为一谈："文化不是由每周票房决定的，文化的效应在于时间延续。萨特和马尔罗仍属我们的同时代人。"莫里斯·德吕翁站在蓬皮杜时期前文化部长和法兰西学院前终身秘书的立场进行辩护，认为法国"是一片文化大地，数个世纪以来一直如此，让我们期待它继续繁荣下去吧。"《费加罗报》在其文后附了一张表格，展示了法国近年来在世界范围获得的成就，涉及绘画、思想、电影和建筑，但文学成就并不多，并且有大量的马术表演。

法国文化协会会长奥利维耶·普瓦福尔·达沃尔在"致美国朋友们的一封信"中为文化保护政策——例如音乐作品的配额制——进行了辩护，同时认为官方遵循的新的文化多样性理论是正当的，全文中心思想是，法国文化状态良好并且在海外拥有强劲的生命力。之后他发行了10万册共两种双语版本（法英版和法西版），封面设计模仿《时代周刊》，书中罗列了300名"法国创作人"，其中包括"超越国界的人才"：碧姬·芭铎（Brigitte Bardot）、雅尼克·诺亚（Yannick Noah）、凡妮莎·帕拉迪斯（Vanessa Paradis）、乔尔·卢布松（Joël Robuchon）……达沃尔自2006年以来继承了之前的法国艺术行动协会

第二部分　兴之忧

（AFAA）和法国思想传播协会（ADPF），承担着法国外交部和文化部委托的国际文化交流任务，因此他也是站在机构管理人的角度发表了以上观点。法国文化协会以国家的名义行动，对后者多有依赖，其2900万欧元的预算（2007年）中80%以上来自于国家，并且难以开拓其他财政来源，尤其是私人资助者（不足5%）。法国政府通过莫里斯·德吕翁和奥利维耶·普瓦福尔·达沃尔传达的更多的是半官方性质的声明，而非官方。

然而，法国文化协会会长达沃尔制作的这份榜单同《费加罗报》的表格有一点类似，就是将高端文化和低端文化、精英文化和娱乐、艺术和奢侈品行业以及诗歌和美食混在了一起。这种战术很好，但或许也说明他在类型和角色方面产生了某种程度的混乱。法国文化协会对自己的使命似乎没有一种清晰的认知，并且对于如何在海外推广法国文化有些无所适从，但它的表现并不比委任其这一使命并予以资助的法国外交部更糟糕。

法国文化协会的举措东一榔头西一棒槌，毫无重点：它既在海外进行文化活动，又在法国境内接纳外国艺术家，同时还负责推广我国前殖民地的文化；它在大部分地区且每年在至少24个国家推广法国文化艺术，但同时也在推动欠发达国家和地区的当代文化艺术创作的海外传播，包括资助非洲的当代文艺创作活动。尽管这种意愿是好的，但大部分文化活动都高度集中在欧洲和北美，对地区分布没有一个清晰的规划。法国文化协会对各领域艺术家在美国和加拿大的巡回展览予以资助，并支持巴黎的艺术画廊参加国际大型艺术展，诸如巴塞尔、科隆、芝加哥和纽约等地举办的国际艺术博览会，尽管这些画廊展出的作品仅有一小部分是法国艺术家创作的。来看一下法国文化协会一年来在世界各地都做了些什么："抒情天才"乐团在巴拉圭举办音乐会（巴洛克音乐），《斯卡潘的诡计》(*Les Fourberies de Scapin*)（法国喜剧院）在中欧巡演，嘻哈大少舞团（嘻哈街舞）在巴拿马演出，"飞翔的创型者"团队在菲律宾表演（街头艺术）……文化协会的章程里畅想着各种宏大的目标，但很难不给人造成一种行动凌乱和资金分散的印象。事实上，协会的项目规划似乎只是在审批海外150家左右法国文化办事处提出的申请，而非落实自己的战略方针。

三十余年来，我一直在纽约参加法国举办的海外文化活动，这些活动给我留下的最深刻印象是它们的变动性、不确定性和不连贯性。协会对于支持什么类型的活动犹豫不决，改变政策的频率比政府还快，并且总是在未经预先评估的情况下随意改变工作重点。比起那些需要耐心的、不张扬的长效项目，人们更喜欢有新闻性的大项目，它们更高调、成本更高，可以引得当地媒体大肆报道，然后再拿给国内的公众夸耀一番，显示自己的功劳。但这场热闹一过，还能剩下些什么呢？人们花大价钱请上一群小说家进行圆桌会议，但台下观众却少得可怜，这些作家的书之后也不会有更多人翻译，就算有更多人翻译，那也是因为他们的书之前已经在不需要大使馆资助的情况下被人翻译过了。就比如2008年10月那场活动，当时是第一届"纽约法国虚构小说节"，除了从700部文学回归季出版的法国小说中评选出一部颁发文学奖，主办方还邀请了12位作家，包括帕斯卡尔·基尼亚尔（Pascal Quingnard）、米歇尔·韦勒贝克（Michel Houellebecq）、雅丝米娜·雷扎、玛丽·恩迪亚耶（Marie NDiaye）、朱丽娅·克里斯蒂娃（Julia Kristeva）、爱德华·格里桑（Édouard Glissant）、玛丽兹·孔德（Maryse Condé）、阿西亚·德耶巴（Assia Djebar）、让·艾什诺兹、阿兰·马班库（Alain Mabanckou）等，这些作家的作品都已被译介到海外，他们常常受到美国高校的邀请，在法国学界无人不晓，他们当中

第二部分 兴之忧

没有一个人需要官方邀请才能到海外访问。人们对展出法国艺术家作品的画廊予以资助，但它们优先考虑的是已经在展出名目中的艺术家，因为任何资助都不可能改变市场的内在逻辑。

随着教育部的权力进一步扩大，法国的海外活动的文化性已经渗透教育领域。高校教师的职责范围让位于文化活动的组织者，包括文化参赞、文化专员以及法国各个机构的派遣人员。法兰西第三共和国时期建立的高等教育体系曾惠及数千名大学生，该体系在牛津、剑桥、曼彻斯特、伊斯坦布尔、贝鲁特、开罗、亚历山大、雅典、萨洛尼卡、圣保罗，当然还有马格里布和撒哈拉以南的非洲（达喀尔、阿比让、科托努、雅温得……）等地均设有教职，但如今这个体系已经损毁，对一些运营不善、无以为继的法国高校或法语高校——比如在埃及——也放弃了修复。的确，如今已经不再是"传教士"（missionnaire）的时代了——尽管外交部还在继续这么称呼法国驻外文化代表，而且在我国的前殖民地国家，人们更愿意和比利时或加拿大的援外人员打交道。法语大学教学联盟（Agence universitaire de la francophonie）在超过70个国家拥有数百所会员高校，并对其中80%的高校予以资助，但是它在全世界执行推广法语和维护法语地位这项任务时，显得力不从心。

一所又一所藏书丰富的法国文化中心图书馆让出空间，变身为多媒体咖啡图书馆。近些年来，每当中央政府计划削减财政预算，各个部门就会从砍掉法国高校奖学金下手，因为这是相对来说最可有可无的部分。但是二三十年后，这些前法国政府奖学金获得者会成为法国文化在全世界——开罗或耶路撒冷，东京或布宜诺斯艾利斯——最好的外交使者。外交部没有这些前奖学金获得者的名录，不可能求助这些法国的"优秀毕业生"为捍卫法国文化做出什么贡献，甚至请他们捐款也很困难。我在旅行期间偶然碰上过不少这样的前奖学金获得者，比如泽福·斯坦贺尔（Zeev Sternhell）[*]、阿部吉雄（Yoshio Abe）[**]和易卜拉欣·鲁戈瓦（Ibrahim Rugova）[***]，这些前奖学金获得者如今已成为著名文学教授、历史教授或者政治学教授，甚至是外交家和政治家，他们热切地表示自己今天的成就源自于法国求学的经历，每次提及都流露出对法国感激和敬意。

出于教育人士的性情，我倾向于认为法国教育部门最有益的行动应该是最需要时间投入的，因为这种行动有长效性，不是制作一堆媒体手册，而是从初中甚至小学阶段开始就资助法语学校。法国文化的未来从本质来说就是建立在此之上的。但是比起组织一场收效快速的舞蹈节来说，没有哪个"传教士"会以创办一所双语小学为荣。

实际上，法国已经忘记如何在全世界推广自己的语言和文化，一直在跌跌撞撞地摸索。美第奇别墅最近由于院长人选的争议上了新闻（法国文化协会会长也卷入了这场论战，直到一名有声望的文化人士就任），这所机构的功能并不清晰，传统上它是设立在罗马的法国艺术家学院——接待雕塑家和音乐家，最近也接待作家——，后来也成为面向意大利公众的文化中心，但它在这两方面都没有很好地完成任务：首先，艺术家们要获得当代艺术启蒙肯定有比罗马更好的去处，他们还可以申请一个"法国国家文艺基金会创作计划奖"（villa Médicis hors les murs）——法国文化协会也有一个这样的奖学金——；其次，意大利人恐怕更愿意去一所纯粹的法国文化中心。人民运动联盟参议员雅恩·盖亚尔（Yann Gaillard）在 2001 年的工作报告中就曾

---

[*] 以色列历史学家。——译者注
[**] 日本文学学者。——译者注
[***] 前科索沃总统。——译者注

第二部分　兴之忧

指出，罗马法国学院"不再完成文化传播的传统任务"，"集合了一群毫不关注公共利益的获奖者"*，并且"花着政府的钱，邀请艺术家们——最广义的艺术家——到一个早已经不是重要艺术之都的国家学习"。（想象一下假如一个意大利议员胆敢如此放肆地宣称巴黎的末日，将会引起怎样的爆炸性反响。）盖亚尔简洁干脆地说道："美第奇别墅这样一座伟大的容器里面还有什么内容吗"？[1]

假设罗马法国学院并不存在，我们今天会设立它吗？假如库尔贝没有创立它，假如拿破仑没有将它迁入美第奇别墅，我们在改革甚至取缔它的时候会不会不那么犹豫？人民运动联盟上卢瓦尔省参议员阿德里安·古泰龙（Adrien Gouteyron）在关于美第奇别墅管理争论最激烈的时候提出了上述合理问题。[2] 然而，同样无法通过现实考验的脆弱的法国文化机构太多了：我们的精英大学，我们的政体，我们的法兰西学院本身以及下属的五大学术院和院士们又何尝不是呢？的确，法国没有习惯取缔任何一个机构。我们不断创建新的机构，而不是改革或取缔旧的，我们建立了为数众多的大学变体，如法兰西公学院、法国高等研究学院、法国国家科学研究院、法国大学研究院、高等教育与研究集群、高级科研专题网络以及其他各式各样的机构，每一个机构的创立都是为了在不改革的情况下填补前一个的缺陷。在外人看来，这些成本极高的补充性做法令人惊讶，但它们也有好处：一个国家的文化是由传统构成的，而法国作为一个定期发生革命的国家，并没保

---

* 指"罗马大奖"获得者，法国每年为最优秀的艺术学生颁发奖学金，去罗马法国学院公费学习四年，并接受意大利著名艺术家的指导。——译者注

1　《罗马法国学院审查任务结束后的调查报告》（*Rapport d'information fait [...] à la suite d'une mission de contrôle effectuée à l'Académie de France à Rome*），参议院第274号文件，2001年4月18日。

2　阿德里安·古泰龙，"美第奇别墅有什么用？"（« À quoi sert la villa Médicis ? »），《世界报》，2008年4月4日。

第五章

留住多少传统。真的需要抛弃我们仅剩的特质,变得更像一个欧洲国家并且看起来更加全球化吗?

此外,人们想要确保法国海外文化政策的预算以最好的方式花掉,也就是从长期看来以最有效的方式花掉。法兰西学院最近成立的图书办事处——与黎塞留、拿破仑和罗马毫无关系——,它促成版权输出的法语书足够多到说服人们供它一年年维系下去吗?它之所以能生存下去难道不是因为文化部提供了大部分预算、于是对于分摊剩余成本的各个出版社并不算贵并因此避开了会计入账吗?最近针对法国电影协会——在外交部和文化部资助下在海外推广法国电影的协会——的审计工作暴露了该协会工作毫无章法、行动散漫,并对其由于"缺乏既定目标、评估准则和指标"[1]导致的工作效率低下感到困惑。

法国政府到底为其海外文化推广活动拨了多少预算,很难有一个准确的数字。根据古泰龙议员最近的一份报告,2007年我们用于海外文化活动的花费在10亿欧元以上,其中35%用于建设"世界最大的文化网络",21%用于影视作品的海外传播。[2] 外交部是主要出资部门,但文化部、教育部、国际合作部和法语事务部也有参与。古泰龙议员建议"结束外交部的垄断",因为它"缺乏表现,更像个看客",而且其文化网络的"附加价值"也"没有经过严格的评估"。由我国财政部主导的"公共政策整体改革考察计划"(Révision générale des politiques publiques)——旨在精简政府的行政机构,几乎令所有公职

---

[1] 尼可·威尔兹(Nicole Vulser),"一份报告抨击法国电影协会在海外推广电影的选择"(« Un rapport critique le choix des films français promus à l'étranger par Unifrance »),《世界报》,2008年3月16日至17日。

[2] 《财务委员调查报告》(*Rapport d'information* [...] *fait au nom de la commission des finances*),第428号文件,2008年6月30日。参看瓦莱里·萨司波塔斯(Valérie Sasportas),"受到质疑的法国威望"(« Le rayonnement de la France en questions »),《费加罗报》,2008年7月10日。

第二部分 兴之忧

人员胆战心惊——或将着手开展这项评估工作。考察计划建议，一方面"将三所海外文化推广机构，即海外法语教育办事处、法国文化协会和一家负责国际活动能力的新机构，进行内部整合与重组"；另一方面，"将同一机构下的文化中心和文化合作项目合并为一块牌子，同时拥有高度的财务独立性"。[1] 这将带来的结果是国家级文化机构和地方机构都将获得更大的财务独立性。但公共政策整体改革考察计划按照不同部门分别进行更加容易，跨部门、多部门联动的行动目前仍相对难以实现。

人们还希望对法国的海外文化推广机构与其邻国，诸如英国或德国的类似机构进行比较性评估。德国在2007年用于海外文化活动的花费是6.8亿欧元，它有两所文化机构，其一是歌德学院，它在81个国家的分支机构也已经有所缩减，目前为140家，每年的预算中有四分之三来自德国外交部，数额在2亿欧元左右；其二是德意志学术交流中心（DAAD），负责推进高校学生、教师和学者的交流活动。通过这两所文化机构，德国似乎已经成功控制了运行成本，从而增加了活动预算。德国这两所文化机构保有比法国文化机构更明显的传统性和学术性，不像后者那样野心勃勃、好大喜功，它们涉及的领域既包括语言、艺术和社会学，也包括专业技能，尤其是科学技术，它们的图书馆也是名副其实的，一直没有转型。

而法国历史上拥有两个并行的文化机构，一个是法语联盟，它在全球拥有500所分支，除了自己的财政来源还占用法国政府4000万欧元的预算，另一个是法国文化中心，拥有大概150所分支，每年花

---

[1] 《公共政策整体改革考察计划》（*La Révision générale des politiques publiques*），公共政策现代化委员会，2008年4月4日。

费1亿欧元。[1] 然而这些数据本身是否可信呢？[2] 我们永远不知道是否有些花费没有被算进去，比如已经或将要派往国外的工作人员的费用是否入账。公共政策整体改革考察计划考虑合并法语联盟和法国文化中心。何乐而不为呢？只要这样不会成为外交部不作为的借口，只要它能以最优状态完成文化使命、缩减结构开支并且重新调整目标国家以达到平衡，那就这样做吧。

---

1 参看帕特里克·福柯尼耶（Patrick Fauconnier），"法国联盟的惊人奇迹"（《 L'étonnant moiracle de l'Alliance française 》），《新观察家》（*Le Nouvel Observateur*），2008年4月3日。

2 根据古泰龙议员于2008年6月提交的报告，法国文化机构在海外共花费了3.75亿欧元（2008年，法国文化中心共计144家——1996年为173家——，由一个海外办事处管理的法语联盟分支共计220家，其余分支共计255家），几乎相当于塞万提斯学院（8900万）、歌德学院（1.8亿）和英国文化协会（2.3亿）三者的总和。

第六章

　　归根结底，唐纳德·莫里森之所以惹恼了我们，是因为他让我们再次认清法国艺术离世界舞台越来越远的现实。我国在某些领域仍属前列，比如建筑和博物馆收藏——卢浮宫在亚特兰大和阿布扎比的合作项目以及引起的热议可以证明这一点——，在另一些领域则落于人后，如文学或造型艺术。我要重申的是，莫里森的观点尽管存在些许不足和个别夸大之处，但在我看来是无可辩驳的，不论民族狂热也好，反美情绪也罢，都不能改变一丝一毫。因此最好的态度是接受它，尽力作出解释，并尝试改正。

　　我个人认为，我国的学术生活和思想活动并不那么令人担忧。当然，我们可以看出法国在国际思想界和学者圈里相对来说有一些不合群，但多年来我们的评判标准处于一种异乎寻常的状态，就是对法国思想陷入恐慌有一种热切的、或许有些夸张的痴迷。实际只不过是美国高校以及国际学术机构很长时间不再读法国当代哲学家的著作。在今天，法国哲学家的英译版著作不再产生之前那样的巨大反响，也不再登上《纽约时报杂志》的封面，但这并不表明他们的影响力——更罕见而潜在——最终不会更为深入、更为长远。但毕竟，我们与全球学术界和学者圈——与体育圈或演艺圈越来越相仿——之间的差距是有害无益的。

第二部分　兴之忧

　　学者们利用长长的暑假搭着飞机在"学者协会"、"高等研究所"、"高等研究院"、"欧洲研究所"、"贝拉吉奥研究和会议中心"等高端而令人神往的研讨会之间来回奔波，法国在这些五花八门的国际性机构当中的存在感是比较弱的。一个原因大概在于此类半学术、半旅游性质的活动大多用英语进行，而相较于其他国家、甚至是其他欧洲邻国的同行，法国学者更不情愿使用英语。对法语抱有自豪感是好事，但这也成为他们融入国际学术界的阻碍。此外，众所周知的一点是，法国教育体系具有极强的独特性，在外人看来摸不清门路，对于外行来说更是几乎无法理解，这也让我们的合作者知难而退。最近我们已经在这方面做出努力，比如法兰西岛大区资助的"巴黎城市国际奖学金"和巴黎高师基金会都是为了迎接来自海外的杰出学者、加强科研共同体的网络建设，但法国此类机构实在少之又少，其局外人地位仍非常明显。让我们期待高校改革将会带来学科间的互动，期待基金会的设立能够让高校能够开展更丰富的活动、面向全世界，期待在巴黎和里昂成立的多家高等研究所能够有助于让更多的海外科研人员访问法国，期待法国高校很快能够更好地融入世界学术网络。

　　另外还需要改变我们的思维方式，例如一位海归学者或者一位只是进行了一年海外访问的学者，不应该在归来之后受到不公正待遇，受到人们的排挤。这也是很多学者对海外访问机会不是很积极的原因之一——尽管这种机会本身并不多。这些学者因为一个学期的缺席就有可能失去之前获得的一切优待以及来之不易的一些特权，从很多方面来讲，法国是一个特权制度的国家，而不是权利与义务制度的国家。

　　不过，与学术界和学者圈保持一定距离未必是坏事。法国已经不再是思想的领导者，拥有国际影响力的知识分子屈指可数，我们没有很好地应对后殖民主义理论的转折。法国有一位阿兰·巴迪乌（Alain

Badiou)——最后的毛主义和拉康主义者、最教条主义的法国哲学家——，他是较近时期在资本主义的学术庙堂中拥有一席之地的，但世界上有多少位斯拉沃热·齐泽克（Slavoj Zizek）、伽亚特里·查克拉沃蒂·斯皮瓦克（Gayatri Chakravorty Spivak）和霍米·巴巴（Homi Bhabha）呢？他们受到法国思想的启迪，从拉康、福柯和德里达身上汲取养分，但一直以来又提升了他们，并且超越了他们。

爱德华·萨义德（Edward Said）介于法国曾经的思想大师和当今的国际化学者之间，他的地位是具有决定性的。他曾经一直对法国文化保有兴趣，之后却逐渐疏远、甚至厌弃。几乎我们每一次重逢聊天——在哥伦比亚大学工作时，我们的办公室一直挨得很近——，他都因为自己的作品在法国遭到冷遇而感到愈加苦涩。他的《东方主义》（*Orientalisme*）（色伊出版社，1978 年）大量探讨了 19 世纪和 20 世纪的法国思想，但在巴黎没有引起多大反响，而他自己最喜欢的作品《文化与帝国主义》（*Culture et Impérialisme*）（法雅尔出版社，2000 年）根本没有被色伊出版社看中（直到美国版问世七年后，这部作品才通过《外交世界》的引介有了法语版）。萨义德很气恼：为什么自己的作品被翻译到了全世界却偏偏被法国无视呢？为什么所有资本主义国家都对他张开怀抱表示欢迎，唯独巴黎不呢？法国是一个本地主义的国家，我是这么回答他的，也是这么想的。但是萨义德仍然很在意法国对他的接纳，照我看，他甚至是过于在意了。在下一代学者那里，人们已经不再在乎巴黎的看法了。

囿于拉丁区和圣日耳曼区的学术圈盛行一种本地主义，导致人们对外来思想的发现总是反应迟钝。有时这种迟钝也会带来超前性，例如学界对索绪尔的接纳比语言学家吸收他——并摒弃他——的理论至少晚了两代，之后才将其尊为结构主义先驱，通过他的理论我们才得

第二部分　兴之忧

以用另一种角度审视这个世界。但更多的情况下，这种落后导致的结果是提出一个已被别人提出的思想，白费力气。

　　让我们来仔细分析一下其中的利弊吧。全球化知识分子如今都成了明星，就好比美国职业赛事中的"自由球员"，又好比合约往往附有买断条款、身价惊人的运动员。这样的知识分子市场也是拥有一些负面影响的，它就像股市一样，会受到流行趋势的影响，会导致泡沫，这些泡沫也会破灭。每个体制都有一个守护神，我已经尽力不去理想化这些守护神中的任何一个。市场的守护神会诱导那些非商业机构和非营利机构——比如美国的博物馆、交响乐团和高校——以它们自己的方式运作，最终与那些最受利益驱动的企业相差无几。假设美国文化界和学术界的守护神是市场，法国的则是政府，使用的手段是形形色色评奖、资助以及特权。这导致了市场供给严重僵化，很难适应人们的需求。政府在文化方面的去中央化政策毫无建树，因为这种政策只是徒增各种机构的数量，还是老一套的程式化、决策不透明的办公方式。法国的社会体系一方面推动外省的地方主义，一方面又推动巴黎的本地主义，从两方面拉拢人心。

　　布鲁塞尔会议和全球化都没有妨碍法国继续施行文化计划经济并保留它的"权贵阶层"。今天人们所做的是在旧制度的守护神和市场的守护神之间更好地设置一个标尺，这个标尺同样也在以数据的形式监视着我们。萨科齐在就职演说中要求文化部长"保证国家对文化创作领域给予的资助必须都能有效满足公民对文化的期望"，并责令部长要求"每一个接受国家资助的部门都必须对自己的行为及其开展的文化活动的民众满意度进行汇报"，将这些机构"与工作成绩挂钩"，避免"资助自动展期"。总结发言之前他同时叮嘱文化部长"每一欧元都务必用在实处"。"民众满意度"、"有用"，这些话肯定会让马尔罗皱起眉头，但自雅克·朗担任文化部长伊始，"民众的期望"就没有被文化活动机构忽视过。不过要提防这种以"工作表现为衡量标准"的不良影响，比如当我们打算在电影《欢迎来北方》(*Bienveneu chez les Ch'tis*) 票房大卖——2008年7月首映至今，超过2.02亿人次观看了这一电影——的同一时段，对文化部在电影票房方面的工作进行评估的时候，也应该重新讨论一部好的法国电影到底是什么样的。

在计划经济背景下，对文化政策以及它带来的民主化结果进行评估似乎是一种有利的做法。但值得忧虑的是，经"公共政策整体改革考察计划"决定，文化部将图书和阅读从新的组织结构中拿掉了，并且起监管作用的领导部门——因几位文化高管而闻名，比如让·加泰尼奥（Jean Gattégno）——也在一个宽泛的"媒体与文化经济开发总方针"下解散。无论是图书还是电影，被卷入视听传播洪流的整个文化领域都将面临一个风险，就是仅仅被理解为一种"文化产业"和"艺术市场"。唐纳德·莫里森是对的，只不过说得太早了些。

第七章

国王没穿衣服，认清这个事实很艰难，在被围困的高卢村庄以外，没有人再读我们的书，看我们的电影，听我们的音乐，除了那么一两个例外，比如在暮年成为思想大师的巴迪乌，比如在好莱坞发展靠商业片爆红的玛丽昂·歌迪亚。尽管这么说有些走极端，不够公平，但我们还是要避免拿这个当借口，忽视那些值得骄傲的事情。

美国新闻报道的规矩是一定要向积极方向引导——就算是事实性报道也得有一个"圆满结局"——，于是唐纳德·莫里森在做出结论之前又安慰了我们一番。只要摒弃自1789年作为立国之基的普遍主义价值观，只要承认居住在法国的少数族群，弘扬多样性和对等性，维护他们的地位，只要坚定地将自己定义为"黑人、白人、北非人"一家亲的国家，法国文化的创造力就会复兴。

基本摆脱殖民主义之后的法国——尽管我们的政府守护神近期通过2005年2月23日的法案向我们鼓吹各项福利政策，但这项法案之后又被撤销了——已经成为一个"发源自法国四面八方和第三世界最偏远角落的艺术、音乐和文学的多民族大集市"。对外国文化活动组织者来说，这仿佛是天堂的模样。让法国文化不要再为了自己的衰落而唉声叹气，让它从边缘群体那里汲取灵感，让它不必顾忌地向全球化张开怀抱吧，这就是唐纳德·莫里森的建议。让我们接受多文化的

第二部分　兴之忧

方案，幸福地生活在一起吧，这样我们就能得救了。

只不过，对于这种将我们丢进多文化熔炉、如今已经成为唯一生存方式的治疗方案，我们从未有所期盼。看看劳伦·冈泰那部荣获戛纳金棕榈奖的电影《课堂风云》吧，评委会格外强调政治性，导演本人也嗅到了风向，将一个多民族构成的班级和一名救星般的老师搬上了银幕。但是请各位注意！巴黎作为一个各民族杂居的后现代大都会，作为21世纪的世界之都，绝不会跟纽约竞争，更不会在股市或者拍卖会上竞争。

让法国从衰落中走出来，是靠重建学校还是推广阅读，是从小学就引入艺术教育还是鼓励高校竞争，又或者是实现国内外文化事务的自由化？马克·弗马洛利、娜塔莉·海涅克（Nathalie Heinich）、安托万·德巴克（Antoine de Baecque）等诸多文化部评论员呼吁，应重启志愿服务政策以及学校的全面参与，从而达到文化民主化这一目标。为了在学校推广艺术教育，弗朗索瓦·菲永（François Fillon）第一次组建政府内阁时就提出合并文化部和教育部，当时引起了文化机构和文化部所有客户的忧虑。

还是说应该让小说作家们放弃自传体小说和极简主义，重新建立与现实世界联系，投身于它的恐惧，它的宽容，它的复杂和它的动荡？还是应该让法国电影停止描绘爱情故事里的小苦小痛？

以上这些肯定都要有一点。经济学有康德拉季耶夫周期理论，文化活动肯定也有它的周期变化：让我们打个赌吧，法国目前正处于一个肃清期，正为新的复兴做着准备，而法国当代小说正蓄势待发，未来不在《茫茫黑夜漫游》(Voyage au bout de la nuit)。*

我们手里有的是王牌，尤其是在美国，奇怪的是唐纳德·莫里森对此只字未提。美国对法国的厌恶反而拯救了我们，而且在这一点上

---

* 塞利纳的小说名。——译者注

第七章

我们可以保证：我们将继续尽可能地激怒别人。法国是一个容易激怒别国的国家，别国从未停止过抨击它，它也因别国的厌恶知耻而后勇。说到底，我们热爱法国之处就在于它让那些说教的人感到羞愧。法国文化是人们酷爱咒骂的，我们身上背负着多少骂声，我们还隐藏着多少重大的秘密，就凭这些，人们也不会将我们遗忘。

我参观完通敌摄影师安德烈·祖卡（André Zucca）的展览回来，写下了上面的话。展览在巴黎城市历史图书馆举行，名为"德占时期的巴黎人"，这实际上是一次令人感到羞耻的展览。不出所料，《国际先驱论坛报》（*International Herald Tribune*）为此发表了一篇头条文章，比任何一家法国媒体的报道都篇幅更长、角度更全面。[1] "这些法国人啊，每一次都能搞砸！还在支持维希，还在拥护贝当。已经是2008年了，他们居然还从纳粹宣传杂志《信号》（*Signal*）里抽出一堆精美的彩色照片做成展览，宛如那是个美好年代，歌舞升平！你在照片上会不时看到一两个戴黄色六芒星标志的犹太人，这种色彩和一杯啤酒、一串樱桃搭配起来好看极了。"

在美国，拯救了我们、让人们一直谈论我们的，是德雷福斯事件和法国曾经的反犹主义，是维希政府和法奸通敌，是殖民主义和阿尔及利亚虐囚，如今则是发生在非洲的新殖民主义和法国国内的种族主义和伊斯兰恐惧症。看一看美国历史学家研讨会议程或者美国现代语言协会——由语言、文学和文化学者组成的协会——的年度会议议程，绝大部分仍在讨论法国的历史，从圣巴泰勒米岛到南特敕令的废除，从"伊斯兰头巾法案"到郊区不时发生的骚乱，他们将史料翻个底朝天，揭露我们的虚伪、政治不宽容和罪大恶极。

---

[1] 麦格·博廷（Meg Bortin），"展示纳粹占领时期巴黎的图片展，不见苦难"（"Photo exhibit shows Paris under Nazi occupation, minus the misery"），《国际先驱论坛报》，2008年4月25日。

第二部分　兴之忧

没有这一切，我们就会像瑞士人那样没有存在感。想象一下登上《时代周刊》封面的如果是另一个国家的文化会怎样，"比利时文化之死"？"塞尔维亚文化之死"？不可能的，尽管我们有德雷福斯事件，有维希政府，还有美国高校最近的红人奥萨莱塞斯将军（général Aussaresses）*，但文化和法国是一对同义词，代表着人们热衷于厌恶的事情——甚至是人们不愿意喜爱的事情。这让我想起一位在纽约教了一学期课的日内瓦同事。他每天都会从头到尾一字不落地阅读《纽约时报》，但关于瑞士的文章一篇都没有。大概过了三四个月，终于有一篇了，说苏黎世银行是纳粹的帮凶，帮他们洗白从全欧洲犹太人那里掠夺来的财产。这位同事很羞愧，但仿佛也获得了一丝安慰。

在这方面，我们绝对无须担心。保尔·图维埃案（Paul Touvier）和莫里斯·帕彭案（Maurice Papon）**，弗朗索瓦·密特朗对勒内·布斯克（René Bousquet）***的友情，让-玛利·勒庞（Jean-Marie Le Pen）关于"细枝末节"的不当言论****，法国国营铁路公司对运送犹太人去集中营负有的责任，法国博物馆长在寻找二战后回收的艺术品合法所有人方面缺乏热情……法国有一大堆足以激怒全世界尤其激怒美国的事件，人们绝不会放过我们。当然，这不是一个挖掘我们的罪恶和不道德的理由。但经验似乎证实，人们应当对法国拥有信心，我们罪恶的历史将会继续被探讨。法国文化真正在国际舞台消失，是人们不再热衷于憎恨法国的时候，是人们不再有热衷于憎恨法国文化的理由的时候。所以我们不要让自己的味道太过鲜美，圣诞前夜并不是明天。

---

*　前法国将军，由于出版自传《特派服役生涯：阿尔及利亚1955—1957》描述在阿尔及利亚的残杀行为而引起轰动。——译者注
**　两人都为德占时期通敌的法国官员。——译者注
***　法奸，曾任维希政府总书记。——译者注
****　勒庞多次称纳粹在"二战"期间设置毒气室杀害犹太人，不过是"历史的细枝末节"。——译者注

图书在版编目(CIP)数据

法国文化还剩下什么?/(美)唐纳德·莫里森,(法)安托万·贡巴尼翁著;傅楚楚译.—北京:商务印书馆,2021
ISBN 978-7-100-19109-8

Ⅰ.①法… Ⅱ.①唐… ②安… ③傅… Ⅲ.①文化研究—法国 Ⅳ.①G156.5

中国版本图书馆 CIP 数据核字(2020)第 195438 号

权利保留,侵权必究。

法国文化还剩下什么?

〔美〕唐纳德·莫里森
〔法〕安托万·贡巴尼翁 著
傅楚楚 译

商 务 印 书 馆 出 版
(北京王府井大街36号 邮政编码100710)
商 务 印 书 馆 发 行
北 京 冠 中 印 刷 厂 印 刷
ISBN 978-7-100-19109-8

2021年1月第1版　　　开本787×1092　1/16
2021年1月北京第1次印刷　　印张 9¾
定价:56.00元